W0345684

Stefan Brönnle

Der Paradiesgarten

Gärten der Kraft planen und gestalten

AT Verlag

Dieses Buch widme ich
meinen beiden Söhnen Leif und Falk.
Gekommen aus dem Paradies,
um mir ein Stück von diesem
in die Welt zu bringen.

© 2001
AT Verlag, Aarau, Schweiz
Fotos: Ellen Fischer, Weisenheim am Berg
(Umschlagbilder sowie Seite 2, 9, 21, 81),
alle übrigen, sofern nicht anders vermerkt, vom Autor
zur Verfügung gestellt.
Lithos: AZ Grafische Betriebe AG, Aarau
Druck und Bindearbeiten: Kösel, Kempten
Printed in Germany

ISBN 3-85502-689-0

INHALT

EINLEITUNG

Das Paradies – der Garten als Seelenlandschaft

»Und Gott der Herr pflanzte einen Garten Eden gegen Morgen, und setzte den Menschen drein, den er gemacht hatte. Und Gott der Herr ließ aufwachsen aus der Erde allerlei Bäume, lustig anzusehen und gut zu essen, und den Baum des Lebens mitten im Garten und den Baum der Erkenntnis des Guten und des Bösen …« 1. Buch Moses 8, 9

Der erste Kontakt des Menschen mit der Erde, der Materie, geschah gemäss der Bibel in einem Garten, dem Garten Eden, dem Paradies. Das alte persische Wort paiori-daeza bedeutet »schöner eingezäunter Garten«. Der Garten Eden wird als abgegrenzt von der »wilden Natur«, als ein eigenständiger heiliger Bezirk beschrieben. Er ist von Geist durchdrungen und wird – über den Baum der Erkenntnis – zum Erkenntniswerkzeug des Menschen. Durch ihn, durch den Garten, erkennt er sich selbst als das, was er ist: nackt und von der Natur getrennt. Doch im Garten erfährt der Mensch auch den Wunsch Gottes, die Erde zu heiligen, die Natur zu erkennen und zu benennen und sie zu gestalten.

Der Mensch gestaltet im Garten ein Stück Natur nach seinem Willen so, dass er sich darin wie in einem Spiegel selbst erkennt. Dieser Drang nach Selbsterkenntnis und Selbstverwirklichung ist es wohl letztlich, der den Menschen über alle Kulturen und Zeiten hinweg bis heute dazu trieb, Gärten anzulegen und zu gestalten. Mal folgte er dazu einem inneren Ideal, einer Vision und versuchte die Natur diesem Ideal anzupassen, mal lauschte er der Natur und suchte eine Gestaltung, die ihr gemäß erschien. Immer aber stand der Wunsch dahinter, ein Stück geistdurchdrungener Natur zu schaffen, ein Stück Erde, welches das Paradies repräsentiert oder mit diesem in Einklang steht. Er nutzte dazu die Kraft der Symbolik, Sympathiemagie, die Erkenntnis der energetischen Gesetze oder auch einfach nur seinen Instinkt.

Ähnlich wie das abendländische Denken versuchte auch der Daoismus über die Gestaltung der Natur in Form von Gärten sich diesem mythischen Urzustand, der Einheit des Menschen mit der Natur, anzunähern. Nach der chinesischen Legende leben die »Unsterblichen« auf Inseln weit draußen im Meer, die wie die sagenumwobene keltische Insel Avalon von Nebeln umhüllt sind. Wem es gelingt, dorthin zu gelangen, der wird in die Reihen der »Unsterblichen«, der Heiligen, aufgenommen. Um 140 v. Chr. sandte Kaiser Wu mehrere Expeditionen aus, um die Inseln der Unsterblichen zu finden. Doch keines dieser kostspieligen Unternehmen war von Erfolg gekrönt. So beschloss Wu, die Unsterblichen zu überlisten und sie auf das Festland zu locken, indem er in seinen Gärten die mythischen Inseln nachgestaltete: Er ließ künstliche Seen schaffen, in denen ferne Inseln zu erahnen waren. Seine Gärten sollen mehr als achtzig Quadratkilometer groß gewesen sein und waren bevölkert mit allerlei Tieren.

Noch heute besteht der ideale chinesische Garten zu zwei Dritteln aus Wasserflächen. Denn das Wasser gilt als Speicher der Lebenskraft Qi, jenes »göttlichen Odems«, der die Natur und den Menschen gleichermaßen durchdringt und ewiges Leben gibt. Das Land der Unsterblichen musste wahrlich stark von Qi durchdrungen sein! Aus dem Bestreben, in Harmonie mit sich selbst und der Natur zu leben, wurde in China die geomantische Lehre des Feng Shui (»Wind und Wasser«) geboren, die in der Zeit der Han-Dynastie unter dem Namen Kan Yu (»aufsteigendes Land«) erstmals zu einer professionellen Kunst zusammengefasst wurde und im 4. Jahrhundert n. Chr. unter dem Begriff Xiang Di (»die Erde interpretieren«) zur eigenständigen Wissenschaft avancierte.

Noch heute ist die chinesische Gartenkunst durchdrungen von den Gesetzen des Feng Shui, und viele Elemente dieser geomantisch orientierten Gestaltungslehre kamen – wie wir noch sehen werden – zwischen dem 16. und 19. Jahrhundert durch die Übernahme von Teilen der chinesischen Gartenkunst indirekt auch in unsere Gärten.

Was in der chinesischen Gartenkunst der Daoismus mit der aus ihm entsprungenen Lehre des Feng Shui war, das war in Japan der Zen-Buddhismus. Aus dieser Schule der Achtsamkeit entsprangen viele Künste, die sich mit der Gestaltung des Raums befassen. So ist der Zen Garten ein Ort der Stille und Meditation oder, wenn man so will, reiner Geist in eine Raumgestaltung gebracht. Zwar entsprechen sich westliches Paradiesdenken und fernöstliche Bewusstseinsschulung nicht unbedingt, doch der Wunsch, den Garten zum Tor zu machen, welches das Hier und Jetzt mit der mystischen allgegenwärtigen Ewigkeit verbindet, ist beiden gemein. So strebt der Zen-Garten danach, die vollkommene Harmonie von Yin und Yang zu erschaffen. Erde (Yang) und Wasser (Yin) sollen ausgewogen sein. Noch wichtiger aber sind Symbole der Dauerhaftigkeit, der Ewigkeit. So ist in den klassischen so genannten Trockenen Gärten das wandelhafte Wasser durch den dauerhaften Stein ersetzt. In Kies geharkte Muster erinnern an das Meer, symbolisieren stehende oder fließende Gewässer. Die Gestaltung soll auch durch die Jahreszeiten möglichst wenig gestört werden. Deshalb kommen im Zen-Garten selten Pflanzen vor und wenn, dann in stets gleiche Form gestutzt. Aus diesem Grunde kann man viele Gärten Japans noch heute so erleben, wie sie vor Jahrhunderten angelegt wurden. Der Zen-Garten soll seinen Betrachter zur Erkenntnis des ewig Unwandelbaren führen – des Geistes. Er ist wie der daoistische Garten ein Tor zum Zustand der Harmonie, der Einheit von Geist und Materie. Im Hinduismus ging man dagegen den Weg, das Göttlich-Geistige mit Hilfe eines rituellen Aktes auf die Erde zu bannen. Urbild ist ein Mandala – das Vastu-Purusha –, das in seiner vielgeteilten Form dem Raum Funktion und Nutzung zuweist.

Ausgehend vom heiligen Zentrum – dem Nabel der Purusha-Figur – nimmt die Heiligkeit mehr und mehr ab. Die Grenzen der einzelnen Teilquadrate des Mandalas (Padas) werden dabei als Energiezonen verstanden, die in der Gartenkunst als Wege gestaltet werden. So entsteht ein rasterförmig angelegter Garten – nicht unähnlich dem europäischen Garten des Barock –, der das Geistige materiell werden lässt, den Geist in Raum und Zeit fixiert. Auch hierin zeigt sich der Wunsch, Geist und Materie zu verbinden und in der Gestaltung erlebbar werden zu lassen.

Die ersten großen Gärten westlicher Prägung, die das alttestamentliche Paradies und auf seiner Grundlage die Vorstellungen der drei großen monotheistischen Religionen Judentum, Christentum und Islam zu verwirklichen suchten, waren die persischen Gärten.

Für die Perser war die Vierteilung von größter Bedeutung, denn in der Genesis stand geschrieben: »Und es ging aus von Eden ein Strom, zu wässern den Garten, und teilte sich von dannen in vier Hauptwasser. Das erste heißt Pison (...), das andere Wasser heißt Gihon (...), das dritte Wasser heißt Hiddekel (...), das vierte Wasser ist der Euphrat« (1. Moses 10–14). So nahmen die Perser an, die Welt bestehe aus vier Vierteln, die durch vier Flüsse getrennt würden, welche in der heiligen Mitte, wo der Baum des Lebens steht, entspringen. Die heilige Mitte (Omphalos) und die Axis Mundi, die Weltenachse, waren so bildlich mit der Vierteilung der Welt verbunden – ein Urmythos, der auch in der symbolischen Gestaltung späterer Jahrhunderte noch öfter auftauchen sollte. Im klassischen islamischen Garten gibt es deshalb vier Kanäle, die von einem zentralen Becken gespeist werden und den Garten in vier Viertel teilen. In größeren Gärten wiederholte man die Vierteilung mehrmals, um zu gewährleisten, dass man stets in Hörweite des Wasserklanges und damit der Quelle des Lebens nahe war. Entsprechend der Beschreibung des Paradieses im Koran pflanzte man Zypressen und Obstbäume, und leuchtend bunte Kacheln entlang der Wege brachten auch außerhalb der kurzen Blütezeit der Wüste Farbe in den Garten.

Von großer Bedeutung war auch die Umzäunung, die Mauer des Gartens. Sie schützte den Bezirk nicht nur vor ungebetenen Gästen, sondern diente vor allem dazu, das kühl-feuchte Gartenklima vor der Wüstenhitze zu bewahren. Doch im Wesentlichen war dies eine weitere Anspielung auf das Paradies, das durch seine Mauern als von der diesseitigen Realität abgegrenzt gedacht wurde.

Einen ähnlich hohen Stellenwert hatte die Umhegung des Gartens im christlichen Mittelalter. Sie sollte den Garten der Alltagswelt entrücken und – der schützenden Gebärmutter gleich – einen Rahmen für spirituelle Räume schaffen. Als »hortus conclusus«, »verschlossener Garten«, war er Inbegriff der Schönheit und Reinheit Mariens und bildete als solcher innerhalb von größeren Gärten oft einen kleineren heiligen Raum. Wie Roni Jay in »Heilige Gärten« schreibt, mündete diese gestalterische Idee im Mittelalter schließlich im »Mariengarten«. Hier hatte wie auch im mittelalterlichen Klostergarten jede Pflanze ihre symbolische Bedeutung. Vor allem die Rose wurde zur symbolträchtigsten Blume schlechthin. In ihrer weißen Form war sie Sinnbild der Reinheit Mariens, während ihre rote Schwester das Blut Christi in Erinnerung rief.

Die Gartenkunst der Renaissance baute auf der Denkweise des Mittelalters auf. Wie in meinem Buch »Landschaften der Seele« ausgeführt, hatte die Vorstellung der mittelalterlichen Scholastik von einem geordneten Universum, in dem jeder Teil seinen festen, zugewiesenen Platz hat, auch in der Renaissance ihre Gültigkeit. Der »hortus conclusus«, der »Paradiesgarten«, wurde in der Renaissance zum »Giardino segreto« (dem geheimen Garten) und symbolisierte wie dieser den Himmel auf Erden.

Die Gärten der Renaissance waren aus dem Zusammenspiel römischer Gartenarchitektur mit dem scholastischen Gedankengut des Mittelalters entstanden. In Francesco Colonnas Werk »Hypnérotomachie ou Discours du Sagne de Poliphile« von 1546 muss Poliphilo auf der Suche nach Polia viele Prüfungen bestehen. Durch sie erfährt er die Bedeutung seines Unbewussten. Bevor seine Initiation jedoch vollzogen werden kann, muss Poliphilo zwei geheime Gärten entdecken: den gläsernen Garten (die Welt der Vernunft) und den seidenen Garten (als Symbol der Welt der Sinne). Diese Gärten – der Nutzgarten und der Lustgarten – sind die beiden Archetypen des Renaissancegartens. Vor allem der »seidene Garten« (also der Ziergarten) wurde in der Renaissance zu einem Mittel der Offenbarung, um tief im Inneren vergrabene Empfindungen zu wecken, ja man ging sogar so weit, mit Hilfe mystischer Bildwerke, hinter denen man das Wirken freier Naturkräfte vermutete, eben jene Kräfte auf magische Art zu beeinflussen. Dabei war die Platzwahl für diese Figuren von entscheidender Bedeutung.

Im 16. Jahrhundert verbreitete sich mehr und mehr die Erkenntnis, dass der zunächst historisch gedachte Garten Eden nicht mehr existierte. Es entwickelten sich Legenden, er sei in die vier Ecken der Welt gestürzt. Um daher das Paradies erneut zu erschaffen, wurden Pflanzen aus allen Teilen der Welt gesammelt. Die ersten botanischen Gärten entstanden. Mit dem gegen Ende des 16. Jahrhunderts aufkommenden Barock und der Aufklärung fühlte sich der Menschen mehr und mehr als Herr über die Natur. »Macht Euch die Erde untertan« wurde zunehmend wörtlich begriffen, und ähnlich den Gärten des Zen-Buddhismus wurden Pflanzen nur noch in idealisierter – hier geometrischer – Form geduldet. Gemäß dem pythagoräischen Gedankengut galten Maß und Zahl als die direkteste Verbindung zur Welt des reinen Geistes. Die Natur wurde geometrisiert, um sie so zu vergeistigen und das Paradies auf Erden zu schaffen. In der Gartenkunst gewannen die mittelalterlichen Ritterorden großen Einfluss. Sie suchten ihre Paradiesbilder auf ihre Weise auf die Welt der Materie zu übertragen: mit Hilfe der Geometrie (dazu später mehr).

In derselben Zeit entstanden vor allem in England so genannte Knoten-Gärten, die durch Hecken in Form endloser Flechtbänder gegliedert waren. Diese waren zum einen Sinnbild der Ewigkeit (ohne Anfang und Ende), zum anderen ein Symbol des Weges der Seele zum ewigen Leben. Die symbolisch-magische Kraft des Knotens durfte niemals angesprochen werden, deshalb waren die lediglich zur Betrachtung gedachten Gärten von einem Zaun umschlossen, der sie zum »hortus conclusus« machte.

Die Vision des verlorenen Paradieses, das sich in der gegenwärtigen Natur zeigt, schlug sich unter anderem in den Werken des englischen Dichters John Milton gegen Ende des 17. Jahrhunderts nieder:

»So geht die Reise fort; er kommt gen Eden.
Wo näher nun gerückt, das Paradies,
Das wonnigliche, einem grünen Ring
Von Wachstum krönend, gleich einem Wall,
Um eines Tafelberges schroffe Klippe,
Dessen mit Dickicht überwachsener Rand
Den Zugang stachelig und rauh verwehrt …«

Schon 1685 hatte Sir William Temple in seinem Buch »Upon the Gardens of Epicurus« die barocken Gärten kritisiert, weil die Natur dort ihrer Authentizität beraubt werde. Mehr und mehr wollte man das Numinose in der Natur, die Immanenz Gottes, erfahren. Es wundert daher nicht, dass man im 18. Jahrhundert und 19. Jahrhundert immer wieder auf chinesische Stilelemente zurückgriff, in denen die Lehren und Gesetzmäßigkeiten des Feng Shui spürbar wurden und die die Harmonie von Natur und Mensch erfahrbar werden ließen. Die elysischen Gefilde als Spielart des christlichen Paradieses wurden nun zum Ziel der Gartengestaltung.

Diesem Wirken eher bürgerlich-freimaurerischer Ideen in der Gartenkunst standen bis ins 19. Jahrhundert immer wieder christlich-esoterische Gestaltungsideen vom irdischen Paradies in der Tradition der Ritterorden gegenüber. Selbst im 20. Jahrhundert sind Rudimente dieser großen Gestaltungsidee, das »Paradies auf Erden« zu schaffen, noch nachweisbar. So ist der »innere Ganzheitstrieb«, wie es C.G. Jung nannte, das Bedürfnis, mit der Gestaltung eines Stücks Natur am Schöpfungsakt teilzuhaben und die Ureinheit von Mensch und Natur, von Geist und Materie neu zu erschaffen, das zentrale Thema, ja die eigentliche Motivation der Gartengestaltungen durch die Jahrhunderte

Paradiessymbole in der geomantischen Garten- und Landschaftsplanung

Wie wir gesehen haben, ist die Geschichte der Gartenkunst eng mit dem Symbol des Paradieses verknüpft, jenem Ort oder Zustand vor der Schöpfung, in dem Geist und Materie, Mensch und Natur noch eins waren, nicht getrennt voneinander und zugleich einander nicht unterworfen. Ob jener Mythos nun als das Paradies der Bibel erscheint, als Nirvana des Buddhismus, als die elysischen Gefilde der Antike oder als das Land der Unsterblichen des Daoismus – immer wurde er durch die Gestaltung eines Gartens mit dem konkreten Ort im Zusammenhang gebracht. Neben diesem übergeordneten Mythos gab es aber immer Teilsymbole, die als »Pars pro toto« für das Paradies an sich standen.

Der Omphalos – die heilige Mitte

In den Gärten des Islam war die Mitte die heilige Quelle des Lebens, die in vier Flüsse mündet. In dieser als Wasserbassin gestalteten Mitte lag oft eine Insel, auf der als Symbol des Lebensbaumes (ein weiteres Paradiessymbol) ein Baum oder ein kleineres (meist rundes) Bauwerk stand. Diese heilige Mitte ist eines der wichtigsten Paradiessymbole überhaupt, denn das Paradies wird oft in der Mitte des Menschen angesiedelt, und in der buddhistischen Tradition spielt eben jene »Nabelschau« eine zentrale Rolle, um das »Rad« des Karma zu verlassen.

Im indischen Vastu ist die heilige Mitte der Nabel der Purusha-Figur. In Griechenland war sie bekannt als der Omphalos, der Nabelstein. Der Legende nach konnte einst das Orakel von Delphi an einem einzigen Tag im Jahr weissagen, nämlich an jenem Tag, an dem die Urschlange (ein weiteres Paradiessymbol) Python anwesend war, die den Geist der Erde verkörperte. Nachdem der Sonnengott Apollo mit seinem Pfeil oder seiner Lanze (das dritte Symbol) die Schlange getötet hatte, setzte er auf ihr Haupt einen ovalen Stein: den Omphalos. Von nun an konnte Pythia jeden Tag weissagen, denn die Kraft der Erdschlange war gebannt. Dieser Nabelstein wurde die heilige Mitte des Kultes. Er war Grabmal und Weltenberg in einem.

Die heilige Mitte ist die Nabe des Rades – Zentrum des Materiellen und doch selbst immateriell, quasi verborgen. Es ist der »hortus conclusus«, der verschlossene Garten des Mittelalters oder der »Giardino segreto« der Renaissance. Die heilige Mitte ist das Gefäß, der Gral, der mythische Gegenstand der mittelalterlichen Legende, der verborgen von der diesseitigen Realität im Gralsschloss ruht. Oft wurde diese heilige Mitte wie in den persischen Gärten oder im Beispiel der iranischen Stadt Fizzurabat gestaltet, kreisrund angelegt, mit einem künstlichen Weltenberg als heiliger Mitte im Zentrum.

Ebenso oft aber blieb die Mitte – gleich dem Gral – im Garten verborgen und ließ sich allerhöchstens anhand der Gartenthematik, der verwendeten Motive erahnen – wie es oft in den englischen Landschaftsgärten des 19. Jahrhunderts der Fall ist.

Die Axis Mundi – die Vertikale

Das zweite zentrale Symbol des Paradiesmythos ist der Aufbau einer vertikalen Achse. Sie drückt sich aus in der germanischen Weltenesche Yggdrasil, die das Reich der Götter, der Menschen und der Unterwelt verbindet – oder christlicher im Mythos des Lebensbaumes. Dieser steht laut Genesis im Zentrum der Welt und ist damit mit der Mitte identisch, lediglich eine Spielart davon. Diese »Axis Mundi« (Weltenachse) verbindet das Geistige mit dem Materiellen. Es ist der Pfeil oder die Lanze des Sonnengottes (Geist) Apollo, der die Schlange (materiell bzw. »Geist der Materie«) in Raum und Zeit fixiert. In der Gralssage tritt die Vertikale uns als heiliges Schwert entgegen, das beim dritten Schlag (dem Zusammenstoß mit der Materie) zerbricht, durch das heilige Wasser (Ursprung) aber wieder zusammengefügt wird.

Die Vertikale wird in der Gartenkunst zum Teil ausgestaltet – wie in manchen islamischen Gärten oder in vielen barocken Anlagen (z.B. Karlsruhe); zum Teil aber vollzieht sich die Bildung der Vertikalen wie etwa im Zen-Garten (Zusammentreffen von Geist und Materie) als Ergebnis eines Erkenntnisprozesses im Menschen selbst.

In der Geomantie ist das Element der Vertikalen als so genannter Einstrahlpunkt bekannt, einem feinstofflichen Phänomen in Form einer vertikalen Säule. Wie ich in meinem Buch »Die Kraft des Ortes« näher ausgeführt habe, entsprechen solche Vertikalphänomene den trichterartigen Energiezentren des Körpers (Chakren), welche die Verbindung zwischen geistigen Kräften und dem materiellen Körper herstellen. Einstrahlende Punkte und andere Vertikalphänomene sind die eigentlichen Eintrittsorte geistiger Kräfte in den Erdorganismus und wurden als solche auch in der Gartengestaltung stets gerne genutzt (Beispiel Karlsruhe, Schlossturm).

Der Drache – das Alignement

Neben dem Omphalos und dem Speer Apolls ist die Schlange das dritte Symbol der Sage von Delphi. Auch sie tritt uns bereits in der Bibel entgegen als das Element, das die Menschen erdet. Sie – die Schlange oder auch der Drache (beide sind im griechischen Wort »drakon« vereint) – ist der Grund für die Vertreibung aus dem Paradies, das heißt, sie führt den Menschen in die Materie und entspricht damit im hinduistischen Denken durch ihre Häutungsvorgänge dem Rad der Wiedergeburten.

Sie tritt uns daher im Raum-Zeit-Gefüge unserer materiellen

Existenz nicht punktuell entgegen wie die Axis Mundi, sondern zweidimensional, als eine Aneinanderreihung von Objekten und Orten auf einer geraden Linie. In England wurden solche Phänomene als »Leys« bekannt, und es überrascht nicht, dass viele der Orte, die sich auf einem solchen Alignement aneinander reihen, Kirchen waren, die Drachentötern (Sankt Michael, Sankt Georg, Sankt Margarete usw.) geweiht waren.

Im Gralsmythos tritt uns dieses Symbol als Lanze entgegen. An der durch sie verursachten Verwundung leidet der Fischerkönig, das heißt, er erleidet als ein geistiges Wesen die Materie.

In der Gartengestaltung wird dieses »Erleiden« oder »Erfahren« der Materie als lineare Achse ausgestaltet. Doch wir sollten den Aspekt des »Leidens« nicht zu absolut nehmen. Die Schlange ist zugleich eine der stärksten Verkörperungen der Lebenskraft, weshalb sie im Daoismus in Gestalt des Drachen auch besonders verehrt wird. Ebenso können viele gerade Achsen in geomantisch gestalteten Gartenanlagen als Quellen oder besser als Pfade der Lebenskraft erfahren werden.

Der Odem Gottes – der Äther

Gott hauchte Adam seinen Odem ein. Dadurch übertrug er seine Lebens- und Schöpfungskraft auf den Menschen. Dieser Odem durchfließt den Garten Eden, ja die ganze Schöpfung und lässt sie leben. Es ist jene kosmische Urkraft, welche die Chinesen Qi (= Atem) nennen, die Inder Prana, die Griechen Pneuma. So sahen die Stoiker, griechische Naturphilosophen, die Welt als von Pneuma, dem »aus Feuer und Luft gewordenen Hauch«, durchdrungen und geformt. Ebenso erscheint im chinesischen Feng Shui die Landschaft von Qi durchströmt, und aus der Formensprache der Erde lässt sich die Menge und der Zustand der vorhandenen »Drachenkraft« ablesen.

Ich verwende für jene Urkraft, jenen göttlichen Odem, gerne den Begriff des Äthers. Dieser Aspekt der frei fließenden kosmischen Kraft fand vor allem in der chinesischen Gartenkunst, aber auch in der Gartenkunst des 18. und 19. Jahrhunderts Eingang. So war man im 18. Jahrhundert der Auffassung, Bäume würden den Ort von Miasmen (negativem Äther) befreien. Das Gedankenmodell des Äthers kann hier nicht umfassend dargelegt werden. Wer sich eingehender damit beschäftigen will, der sei auf mein Buch »Die Kraft des Ortes« verwiesen. Ich möchte den Äther hier nur vorstellen als eine Kraft, die die Landschaft durchfließt und sowohl in ihrer Qualität als auch in ihrer Quantität von der Topografie, von Wasser und Pflanzen beeinflusst wird, weshalb man gerade in der Gartengestaltung gerne mit ihr spielte. Es ist jene kosmische Urkraft, die als Mittler dient zwischen der Ebene des Geistes und jener der Materie und somit sowohl Formungs- als auch Gedankenprozessen unterliegt. Dazu später mehr.

Der Äther lässt sich in vier Aspekte untergliedern, die den vier Elementen entsprechen: den Wasseräther, den Erdäther, den Luftäther und den Feueräther. Diese vier Äther unterscheiden sich in ihrem Fließverhalten ebenso wie in ihrem charakteristischen Einfluss auf die menschliche Psyche und das körperliche Wohlbefinden.

Der Wasseräther lässt sich durch ein Gefühl der kühlen Feuchte erfahren, der Erdäther durch ein Gefühl des Druckes, der Luftäther durch die Wahrnehmung eines Lufthauchs und der Feueräther als starkes Wärmegefühl. Dabei hat der Wasseräther die Eigenschaft, nach unten zu rinnen, der Erdäther, sich unter Druck anzusammeln, der Luftäther, nach oben zu streben und Bewegungen zu folgen, und der Feueräther, sich gerade an spitzen Formen zu sammeln. Das Element Wasser beeinflusst dabei unser Emotionen, die Erde unseren Sinn für Realität und Materie, die Luft unser Denken und das Feuer unseren Willen. Eine charakteristische Gestaltung mit den Ätherkräften bewirkt daher eine Beeinflussung unseres Gefühls, ja unserer ganzen Person. Auf ähnliche Weise unterscheiden die Chinesen fünf Arten von Qi, nämlich Erde, Metall, Wasser, Holz und Feuer. Diese stehen in einem konstruktiven und einem kontrollierenden Zyklus in Verbindung zueinander, können sich so gegenseitig erzeugen oder zerstören. Auch im chinesischen Feng Shui wurde daher mit der feinstofflichen Kraft des Äthers, von den Chinesen Qi genannt, gestaltet.

Weitere geomantische Phänomene

In den Gartengestaltungen des Barock und des englischen Landschaftsstils wurden häufig weitere geomantisch-geologische Phänomene genutzt, die hier kurz erwähnt seien.

Wasseradern sind unterirdisch fließende Rinnsale, Bäche oder Flüsse. Durch die spezifische Form der Strahlung fließenden Wassers wird der Mensch, der selbst je nach Alter zu sechzig bis achtzig Prozent aus Wasser besteht, in seinem biologischen System stark angeregt. Dies kann körperlich aufbauend sein, je nach Intensität und Polarisation der abgegebenen Strahlung, aber auch zu Stresssymptomen führen. Wie ich noch zeigen werde, sind die mit Hilfe der Radiästhesie (Wünschelrutengehen) gefundenen Wasseradern aber ein hervorragendes Mittel, um die Atmosphäre eines Ortes zu verbessern und anzuregen, und wurde als solche auch gerne in historischen Gartenanlagen genutzt.

Unter Gitternetzen versteht man radiästhetisch mutbare Reaktions- oder Reizzonen (also Strahlungszonen, die einen Wünschelrutenausschlag provozieren), die netzartig in den Haupthimmelsrichtungen mit einem Abstand von etwa 2 Metern (so genanntes Globalgitter) oder in den Nebenhimmelsrichtungen mit einer Maschenweite von 3 bis 4 Metern (so genanntes Diagonalgitter) verlaufen. Vor allem an Kreuzungspunkten zweier Zonen des Globalgitters wurden in der Renaissance und im Barock häufig Statuen platziert, da diese ein unsichtbares Ordnungsschema in die chaotisch gedachte Natur brachten.

Eine Oktavierung der Frequenz des Diagonalgitternetzes führt uns in das Schwingungsspektrum der Farbe Grün, weshalb dieses Gitter auch mit Aspekten der Lebenskraft in Verbindung gebracht und als »Wachstumszone« bezeichnet wird. Gerne wurden auf Kreuzungspunkten dieses Gitternetzes Alleebäume gepflanzt, um die Pflanzen zu kräftigen und über die Antennenwirkung der Bäume die Qualität der Lebenskraft in die Umgebung auszustrahlen.

GEOMANTIE IN DER GARTENKUNST

Wie wir in der Einleitung gesehen haben, war die Gestaltung eines Parks oder Gartens kaum jemals eine profane Handlung. Es schwang stets etwas von der Aura der sakralen Handlung mit. Der Gestalter wähnte sich in den Fußstapfen Gottes, als dessen »verlängerter Arm«. Jede Erschaffung eines Gartens kam der Schöpfung selbst gleich. Damit berührten wir aber bislang lediglich die Symbolebene, die Motivation der Handlung.

Im nun folgenden Teil möchte ich zeigen, dass große Parkanlagen in der Tat nach geomantischen Konzeptionen gestaltet wurden, dass hinter ihnen geistige und energetische Prinzipien standen, die allein aus einer künstlerischen Intuition heraus nicht zu erklären sind. Vielmehr präsentieren sich die Gärten und Parks im geomantischen Stil der jeweiligen Epoche und lassen das zugrunde liegende Weltbild seiner Erbauer erahnbar werden.

Ich bin mir bewusst, dass vieles im eigentlichen Sinne nicht bewiesen werden kann, da auf Methoden wie die der Radiästhesie zurückgegriffen werden muss, die längst noch nicht allgemein wissenschaftlich anerkannt sind, obgleich inzwischen verschiedene Universitäten die Radiästhesie und Geomantie in ihr Vortragsprogramm aufgenommen haben.

Die Klostergärten des Mittelalters

Wie einleitend beschrieben, hatte jedes Ding, jede Pflanze, jedes Kraut seinen festen symbolischen Platz im Gefüge des Gartens. Jede Pflanze stand – wie noch näher zu erläutern sein wird (siehe Seite 87) – für eine genau bezeichnete göttliche Gabe oder christliche Tugend. Klostergärten stellten somit, geomantisch betrachtet, ein geistiges Gesamtgefüge, ein so genanntes Holon dar.

Unter einem Holon versteht man einen begrenzten Raum, der – gemäß der christlichen Lehre »wie im Himmel, so auf Erden« oder dem Gesetz »wie im Großen, so im Kleinen« – alle geistigen Archetypen des Kosmos in sich trägt. So bildet jede in sich geschlossene Einheit, jedes »Individuum«, ein solches Holon. Mannigfaltig sind so auch die analogen Darstellungen von Mensch und Erde im Mittelalter. Der mittelalterliche Klostergarten kann geradezu als Prototyp eines Holons verstanden werden. Seine Mauern bildeten die Haut, die diese räumliche Einheit gegen andere räumliche Einheiten abgrenzte. Durch die exakte Platzierung der geistigen Urbilder oder Archetypen – vertreten durch die Pflanzen – in ihrem gegenseitigen Verhältnis zueinander wurde ein Feld aufgespannt, das in völliger Übereinstimmung mit dem christlichen Kosmos stand.

Energetisch wurde dies vor allem durch den geomantisch orientierten Bau der Mauern verstärkt. Dies geschah zum einen durch die gezielte Setzung der Mauern auf Strahlungszonen, zum anderen durch den Bau der Mauern mit Hilfe von so genannt polarisierten Steinen. Wie weiter unten (Seite 118f.) noch näher beschrieben wird, besitzt jeder Naturstein eine Polarität. Vereinfacht ausgedrückt, schwingt jedes der gegenüberliegenden Enden eines Steines im gegenpolaren Sinne – ähnlich einem Magneten mit einem Nord- und einem Südpol. Wie wir noch sehen werden, eröffnet dies vielfältige Möglichkeiten der Steinsetzung, die wie im Falle der mittelalterlichen Klostermauern eine starke Trennung von Innen und Außen hervorrief.

Dies unterstützte die Bildung eines geistigen Holons. Doch allein darauf verließ man sich nicht. Die Mauern wurden wie gesagt häufig auf starke Strahlungsquellen gesetzt, mit Vorliebe auf Wasseradern. Die Zisterzienser waren Meister des Wasserbaus. Stets gründeten sie ihre Klöster an Flüssen, von denen sie kunstvoll unterirdische Kanäle unter Kirchenschiffe und Klostermauern lenkten, um diese durch die energetische Abstrahlung des Wassers anzuregen. Häufig zeigt sich die positive Kraft des Ortes in Schwalbennestern im Kreuzgang oder im Portal, denn Vögel nisten nur dort, wo ein für ihre Nachkommen positives Strahlungsmilieu herrscht.

Wichtig war stets auch die Gestaltung der Mitte. Oft wurde sie mit einem Springbrunnen besetzt, wo dies nicht adäquat oder möglich war, durch einen einzeln stehenden Apfel (Lebensbaum!) oder Maulbeerbaum. Wir erkennen hier das Motiv der heiligen Mitte und der Axis Mundi wieder – und wirklich: Sehr häufig findet sich hier auch eine energetische Achse, ein so genannter einstrahlender Punkt.

So steht in der Mitte des Klostergartens von Shrewsbury Quest in Großbritannien ein Weißdorn, ein Ableger des heiligen Weißdornbusches, den Josef von Arimathea in Glastonbury gepflanzt haben soll. Eine wahrlich heilige Mitte, die selbst den Mythos vom heiligen Gral in sich trägt.

Im Geist des Barock

Im Barock wurde die Enge des Mittelalters gedanklich gesprengt. So schrieb Giordano Bruno: »Unendlicher Raum hat unendliche Möglichkeiten, und in dieser unendlichen Möglichkeit können wir einen unendlichen Akt der Existenz preisen« (zit. in Norberg-Schulz 1985, S. 6). Die Mauern, die im mittelalterlichen Klostergarten der wesentliche geomantische Bezug waren, innerhalb von denen sich der innere Mikrokosmos entwickeln konnte, werden nun gesprengt.

Mit der Hinwendung des Menschen zum geistigen Prinzip der Vernunft kommt es zu einer enormen technologischen Entwicklung. Diese Entwicklung gerade auch in der Kriegstechnologie nimmt der Mauer ihre bisherige Schutzfunktion. Sie wird überflüssig. In der Gartengestaltung wird dies als Chance verstanden: Die weltlichen und religiösen Zentren werden als Kraftorte, als solare Zentren begriffen, von denen Kräfte ausstrahlen, die auf keinerlei räumliche Grenzen mehr stoßen. Idealbild ist die Ebene, auf der, von einem Brennpunkt – einer heiligen Mitte – ausgehend, die Achsen schnurgerade ins Land führen. Das dahinter stehende Symbol ist die Sonne.

In Versailles schuf der »Sonnenkönig« Ludwig XIV. seinen Prototyp einer solar-barocken Gartenanlage. Sein persönlicher Berater in

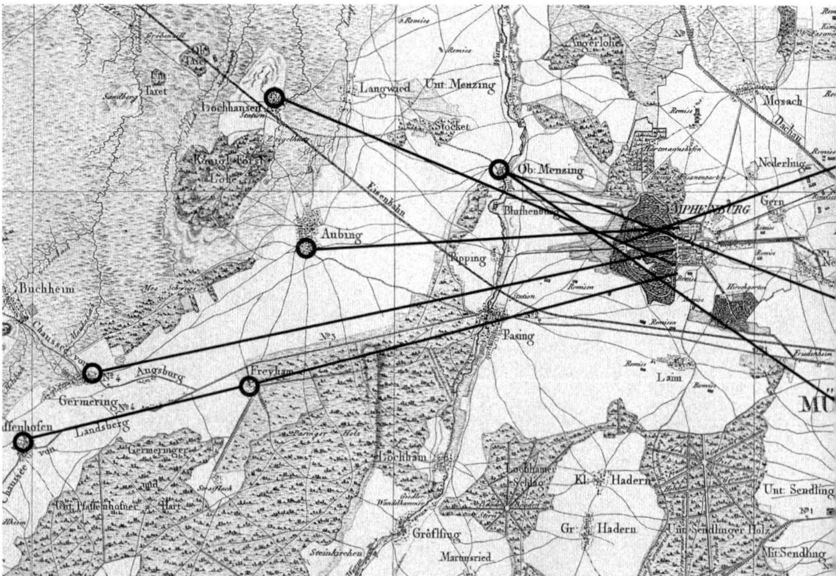

Sachen Gartenkunst (und sicherlich auch im Bereich der Geomantie) war Johann Moritz von Nassau (siehe Seite 36f.).

Nymphenburg

Nordwestlich der Altstadt Münchens liegt das Schloss Nymphenburg mit seinem sich nach Westen erstreckenden Park. Die Grundsteinlegung der Anlage erfolgte 1664 in einem moorigen Gebiet, von dem sich auch der Name des Schlosses ableitet, der einen Bezug zu den Geistwesen des wässrigen Elementes herstellt. Als Ende des 17. Jahrhunderts mit dem Bau begonnen wurde, stand hier lediglich eine kleine Kapelle, die – das sollte uns aufhorchen lassen – dem Drachentöter Sankt Georg geweiht war.

Die das Schloss umgebende Anlage verbindet über Achsenbezüge und ausgebaute Alleen nicht weniger als neunzehn Sakralbauten mit dem Schlosspark: die in Ost-West-Richtung verlaufende Hauptachse des Parks verbindet in seiner Verlängerung die Kirchen in Pipping und Schwabing. Im Norden des Parks befand sich in barocker Zeit ein Kreuz aus drei sich schneidenden Alleen. Sie wiesen auf die Kirchen in Obermenzing, Unterföhring, Haidhausen und Aubing. Sein südliches Gegenstück verband optisch die Kirchen in Lochhausen und Germering mit der Anlage. Asymmetrisch befand sich in der alten Barockan-

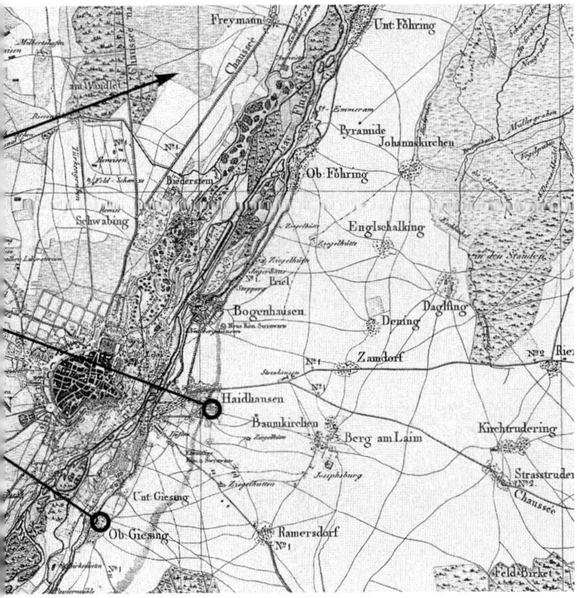

Ausrichtung der Achsen von Nymphenburg auf Kirchen und Umgebung.

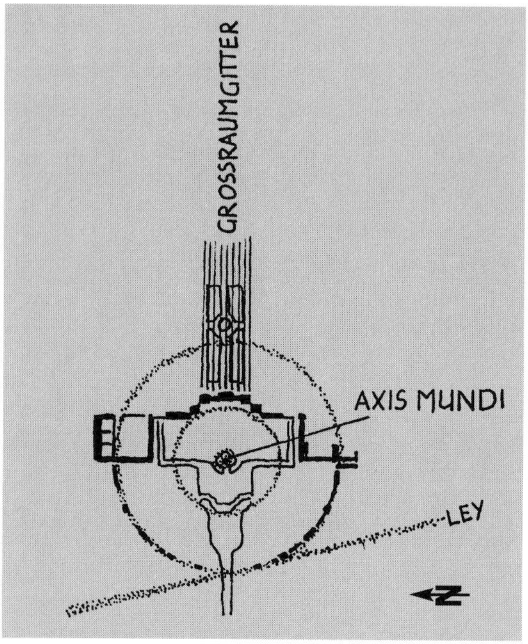

Schloss Nymphenburg. Geomantie des Schlossrondells.

lage ein weiterer Achsenstern im Süden des Parks. Dieser verband die Kirchen Pfaffenhofen, Freiham, Obermenzing und Obergiesing. Der das Wasser der Schlossanlage abführende Nymphenburger Kanal wurde ebenfalls geradlinig auf das Schloss ausgerichtet und brachte in seiner Verlängerung Schloss und Pasinger Kirche in Verbindung. Die vom Schloss zum Hirschgarten führende Allee war auf die Kirchen zu Allach, Untersendling (eine Margaretenkirche = Drachentöterin) und das Bruderhof-Kloster ausgerichtet, während die in gerader Linie vom Schloss nach Feldmoching führende Landstraße die Kirchen Feldmoching, Mosach und Laim verband. Darüber hinaus spannte sich eine gedachte Linie vom Schloss über die »Badenburg« zur Kirche in Kreuzing.

Eine solche Fülle von Achsenbezügen zu Kirchen zu schaffen ist nicht möglich, wenn man den Standort des Schlosses dem Zufall überlässt. Vielmehr muss das Schloss die Rolle des ehemaligen Georgskirchleins übernommen haben, das bereits vor Baubeginn des Schlosses in einem geomantischen Gesamtbezug zu den anderen Kirchen gestanden haben muss.

Mindestens vier der erwähnten Kirchen bilden untereinander ein weiteres Alignement: Obermenzing, Pipping, Pasing und Martinsried.

Die Gesamtstrecke von Obermenzing nach Martinsried wird von der Kirche in Pasing exakt im goldenen Schnitt geteilt.

Eine gewollte geomantische Einbindung der Schlossanlage in ein sakrales Netzwerk scheint somit zumindest von den Indizien her als belegt.

Doch erst die radiästhetische Analyse der Anlage zeigt das ganze Können seiner Erbauer: Das Schloss wurde auf eine in Ost-West-Richtung verlaufende Globalgitternetzzone höherer Ordnung gesetzt, die hier nicht weniger als 20 Meter Breite hat und in dieser Ausdehnung mit dem mittleren Hauptgebäude übereinstimmt. Die antiken Figuren des so genannten Parterres stehen allesamt auf Kreuzungen rechtsdrehender Hartmanngitterzonen und erhalten so einen starken Ausstrahlungsimpuls.

Ein Meisterwerk geomantischer Gestaltung ist der Bau des großen Schlossrondells: In seinem Mittelpunkt findet sich eine Wasserfontäne. Sie bildet nicht nur optisch-symbolisch die heilige Mitte – die wie im persischen Garten gestaltete Insel in der Wasserfläche – und über die Vertikale der Fontäne auch die Axis Mundi ab, sondern genau hier befindet sich auch ein gewaltiger Einstrahlpunkt von mehreren Metern Durchmesser, über den geistige Kräfte hereinströmen und der somit auch energetisch, seelisch und geistig die Qualität eines Omphalos besitzt.

In Verbindung mit der erwähnten ehemaligen Georgskirche sind die drei Paradiessymbole komplett. Und wirklich, auch radiästhetisch ist im Bereich des Schlossrondells eine Leylinie messbar. Sie schneidet das Rondell im westlichen Bereich tangential an und läuft weiter in südwestliche Richtung, wo sie auf die Margaretenkirche (Drachentöterin!) in Sendling trifft.

Doch sollte hier etwa schlampig gebaut worden sein? Warum schneidet die Leylinie den Schlossbereich nur tangential und kreuzt sich nicht mit der Axis Mundi in der Mitte? Nun, sowohl der Einstrahlpunkt im Bereich der Fontäne als auch die Leylinie sind natürliche Phänomene. Die Schlossanlage wurde an diese angepasst und nicht umgekehrt. Durch geschickte Architektur werden dennoch alle drei energetischen Paradiessymbole verbunden: Wie um einen Stein, den man ins Wasser wirft, bilden sich um den zentralen Einstrahlpunkt Wellen aus. Nur laufen diese nicht weiter aus, sondern verharren als physikalische »stehende Wellen« in bestimmten so genannten Reaktionsabständen, die in ihrer Oktave der Frequenz der Axis Mundi, des

Einstrahlpunktes, entsprechen, quasi am Ort. Dies führt dazu, dass in bestimmten Entfernungen radial von der Fontäne immer wieder radiästhetische Reaktionen und damit Resonanzen mit dem Zentrum erfolgen. Die Abmessungen des Schlossrondells sind auf einen solchen Reaktionsabstand abgestimmt und ergeben damit eine optimale Resonanz mit dem Zentrum. Exakt hier schneidet auch die Leylinie das geomantische System an. Sie bringt weitere geistig-energetische Impulse in die Anlage ein, die wiederum zum Zentrum zurückpulsieren. So wurde über die gezielte Architektur der »Drache« mit dem »Speer« und dem »Omphalos« verbunden.

Wer stand hinter dieser Gestaltung? Wir können nur Vermutungen anstellen. In Frage kommen vier Personen: Agostino Barelli war der Architekt des ersten kubischen Baus von 1664, der auf das Hartmanngitter höherer Ordnung ausgerichtet wurde. Während der Regierungszeit des Kurfürsten Max Emanuel wurde die bestehende Anlage umfassend erweitert und ab 1671 die »italienische« in eine »französische« Gartenanlage umgewandelt. Hierbei wirkte vor allem Enrico Zuccalli. Ab 1715 wurde Joseph Effner zum leitenden Baumeister. Er gab dem Schloss und dem Rondell seine heutige Gestalt, wobei vor allem im Garten der Le-Notre-Schüler Dominique Girard mitwirkte. Le Notre war der Architekt der Versailler Schlossanlage gewesen (siehe Seite 36f.), die unter dem wesentlichen Einfluss des Fürsten Johann Moritz von Nassau entstanden war. Es ist daher nicht unwahrscheinlich, dass Girard auch hier wesentliche geomantische Elemente der Gartenanlage beeinflusste. Doch sind schriftliche Zeugnisse über geomantisches Wirken verständlicherweise rar. In einer Gartenbeschreibung der Anlage von 1792 ist lediglich zu lesen: »Für einen, der Augen hat, übertrifft Nymphenburg alle Gärten von Deutschland.«

Schleißheimer Schlossgarten

Das Schloss Schleißheim nördlich von München ist eine Gründung Herzog Wilhelms V., der 1597 einen alten Viehhof bei Schleißheim erwarb, um sich eine Stätte des spirituellen Rückzugs zu schaffen. So war der zunächst erbaute Gutshof umgeben von kleinen Klausen und Waldkapellen. Der Ort diente dem Herzog als »Eremitage« zur »frommen Kontemplation«, wie es heißt. Sein Sohn begann dann mit dem ersten Schlossbau am selben Ort.

Ihre große kulturelle Bedeutung erhielt die Anlage erst, als Kurfürst Max Emanuel 1684 das Lustschloss »Lustheim« erbauen ließ und beide über eine Achse miteinander verband. Erbauer des auf einer kleinen Insel gelegenen Schlosses war wiederum Enrico Zuccalli. Und abermals wurde ab 1715 Josef Effner die bauliche Leitung und Dominique Girard die Gestaltung der Gartenanlage übergeben.

Die ähnliche personelle Besetzung lässt ähnliche geomantische Prinzipien vermuten. Tatsächlich liegen auch hier das Hauptschloss und die sich zwischen Haupt- und Lustschloss spannende Achse mit Kanal auf einer viele Meter breiten Zone des Globalnetzes höherer Ordnung, also mit mehreren Kilometern Maschenweite. Sowohl das Schloss Schleißheim als auch das Schloss Lustheim stehen auf dieser Zone und werden dadurch stark angeregt. Das Schloss Schleißheim wurde darüber hinaus mit dem vorspringenden Mittelteil des Baus wiederum exakt mit seinen Massen in die Zone eingepasst.

Schon Robert Endrös hatte die Gartenanlage radiästhetisch untersucht und festgestellt, dass ein großer, mäandrierender unterirdischer Wasserstrom die Anlage so kreuzt, dass sich das Schloss Lustheim nicht nur überirdisch sichtbar auf einer Insel befindet, sondern dass diese sichtbare Gestaltung einen parallelen unsichtbaren Standortbezug spiegelt.

Das Schloss steht in einem Wasseradermäander – eine Gestaltung, die in der Geomantie nicht unbekannt ist. Die Platzierung sakralgeomantischer Bauten in (sicht- oder unsichtbaren) Brennpunkten von Wassermäandern hat Tradition. Die Megalithanlage Newgrange in Irland, Zähringerstädte wie Bern oder Freiburg i.Ü., aber auch Wasser-

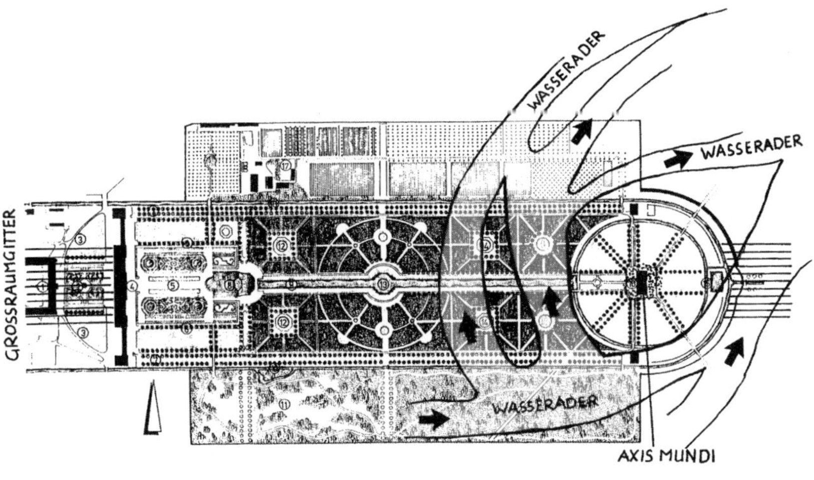

Die Geomantie Schleißheims.

burg am Inn mit dem Turm der Michaelskirche im energetischen Brennpunkt oder das Kloster Weltenburg an der Donau sind Beispiele für eine solche Standortwahl. Durch das kreisförmig umströmende Wasser wird – physikalisch gesprochen – ein offener oder wie im Falle Lustheims gar ein geschlossener Schwingkreis geschaffen. Dieser erzeugt im energetischen Brennpunkt eine starke energetische Vertikalachse: einen Einstrahlpunkt! Und wirklich, auch in Lustheim ist eine solche energetische Achse wahrnehmbar. Schauen wir uns darum den Personenkreis der Erbauer noch einmal genauer an. Ein Team, das hierbei besonders ins Auge fällt, ist Joseph Effner und Dominique Girard.

Effner stammte aus einer alten Hofgärtnerfamilie; sein Urenkel Carl Joseph Effner wird sich später unter anderem als Architekt der Gartenanlagen König Ludwigs II. in geomantischen Zusammenhängen bemerkbar machen. Unter Joseph Effner vollzog sich in den Jahren nach 1715 am bayerischen Hof der Übergang vom Hochbarock zum französisch geprägten Régencestil. Er plante maßgeblich die Nymphenburger Schlossanlage mit Haupttrakten, Parkburgen und Nebengebäuden, ebenso die Magdalenenklause in Nymphenburg, ein Sakralbau, der den echten religiösen Bedürfnissen des Kurfürsten diente. Des Weiteren baute Effner Jagdlusthäuser, von denen eines, das so genannte Gelbe Haus (1733) am Carlsstern im Forstenrieder Forst, ein Zentralbau mit einem der Pagodenburg vergleichbaren Grundriss ist.

Als Gartenplaner arbeitete Dominique Girard, wie erwähnt Schüler des großen André Le Notre, mit ihm zusammen. Ihm oblag die Planung und Ausführung der barocken Gartenanlagen Schleißheim und Nymphenburg.

Beide, Girard und Effner, traten nach der Exilierung ihres Herrn in die Dienste des Kurfürsten Max Emanuel. Die politische Zusammenarbeit des Kurfürsten mit Wilhelm III. von Oranien hatte auch einen entscheidenden Einfluss auf seinen »Kunstgeschmack«. So finanzierte er Joseph Effner mehrere Studien, Bücher und »Instrumenta«.

Für Bau und Ausstattung der Schlösser Wilhelms III. von Oranien war Daniel Marot maßgebend verantwortlich. Die Staffelung von fünf kubischen Pavillons, wie im Schloss Nymphenburg realisiert, fand sich so bereits zuvor im Schloss Hetloo in Apeldoorn von Daniel Marot vorgebildet. Er wirkt auch sowohl in Nymphenburg wie in Schleißheim mit. Wie wir noch sehen werden, stand zur damaligen Zeit das Haus

Oranien in enger Beziehung zum Johanniterorden mit seinem Großmeister Johann Moritz. Möglicherweise brachte dieser Kontakt die entscheidenden geomantischen Impulse an den bayerischen Hof, vertreten durch Dominique Girard, Joseph Effner und Daniel Marot.

Feuer und Wasser – der Schlosspark Weikersheim

Das Schloss Weikersheim, in der bezaubernden Landschaft der Hohenlohe gelegen, war seit dem 12. Jahrhundert Stammsitz des gräflichen Hauses Hohenlohe. Vermutlich handelt es sich bei dem Standort der Stadt zwischen Vorbach und Tauber um eine bereits im Neolithikum verehrte heilige Stätte, auf die Flurnamen wie »Heiliges Wöhr« (»heilige Insel«) noch heute verweisen.

Bedeutend für die bauliche Entwicklung von Schloss und Garten war zum einen das späte 16. Jahrhundert, als Graf Wolfgang II. von Hohenlohe-Langenburg das Schloss möglicherweise nach dem Vorbild der Wewelsburg im Westfalen als einen gleichschenklig-dreieckigen Bau neu anlegen ließ. Graf Wolfgang hegte ein großes Interesse an der Alchemie und ließ sich im Jahre 1602 an der Nordostecke des Schlosses ein zweistöckiges Laboratorium errichten. Aus dieser Zeit wohl stammt auch ein Zusatz im Stadtwappen, der neben dem Weikersheimer »W« die Symbole für Sonne, Mond und Merkur zeigt. Alle drei planetaren Kräfte treten in der Wetterfahne der Stadtkirche Sankt Georg erneut auf.

Anfang des 18. Jahrhunderts schließlich wurde der Garten unter Graf Carl Ludwig umgestaltet und erhielt eine ikonografische Bildausstattung, die in Mitteleuropa ihresgleichen sucht. Das Figurenprogramm zeigt den Garten als einen eigenständigen verwobenen Kosmos, als ein vom alltäglichen Leben entrücktes Paradies, das sich auf zwei Arten entfächert: radial und axial.

Betrachten wir uns zunächst die radiale Symbolsprache des Gartens: der Park wird dominiert von dem zentralen Brunnen. Auf einer steinernen Insel sehen wir Herkules, in einen Kampf mit einem Drachen verwickelt. Entgegen den üblichen Darstellungen windet sich der Drache nicht am Boden, sondern steigt in der Umschlingung durch die starken Arme des Herkules steil nach oben. Hier findet sich auch bei einer radiästhetischen Analyse eine feurige Axis Mundi. Herkules steht dabei als ein Sterblicher, der durch seine Taten in die Götterwelt aufstieg, als ein Symbol für die Möglichkeit des Menschen, unsterblich zu werden, ins Paradies einzugehen. Der Drachenkampf nimmt Bezug auf

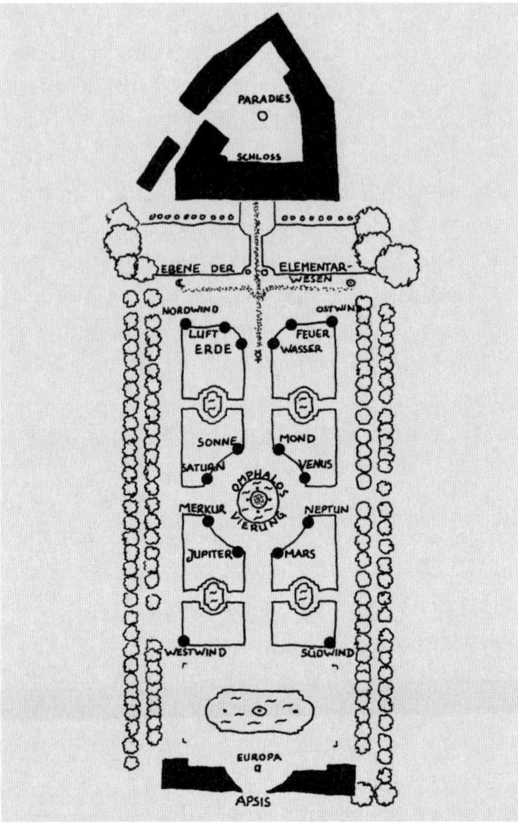

Der geomantische Aufbau von Weikersheim.

die elfte Aufgabe des Herkules: Um die Äpfel der Hesperiden zu rauben, die hier gleichsam einerseits für die alte Weiblichkeit des Ortes stehen, andererseits auf die paradiesische Insel Avalon (Apfelinsel) verweisen, die in der keltischen Mythologie ebenfalls einen jenseitigen Raum darstellt, muss er den Drachen Ladon bezwingen. So stellt sich der Kampf mit dem Drachen als ein Weg ins Paradies dar, der gleichsam, indem er die Schlange bezwingt, den durch diese erwirkten Sündenfall des Menschen ungeschehen macht.

Umgeben ist dieser Omphalos von vier auf Fabelwesen reitenden Putten, welche die vier Elemente Feuer, Wasser, Luft und Erde darstellen. Damit handelt es sich um einen klassischen Omphalos, bestehend aus symbolischem Weltenberg (steinerne Insel), Vierteilung der Welt (vier Elemente, Putten) und Axis Mundi (aufwärts strebender Drache).

Umgeben ist der zentrale Brunnen von den Darstellungen der sieben klassischen Planeten Sonne, Mond, Venus, Merkur, Mars, Jupiter und Saturn. So kommt es zu einer radialen Entwicklung aus der heiligen Mitte, in der gleichsam verborgen der Lebensbaum des Paradieses steht (symbolisiert durch das Thema der Szene: die Äpfel der Hesperiden), über die vier Elemente zu den sieben Planeten. Eine genaue Betrachtung zeigt jedoch, das ein achter Planet hinzugefügt wurde: Neptun. Dieser nicht zu den klassischen Planetengöttern zählende Gott repräsentiert die wässrige Urkraft des ursprünglichen Ortes, der im Zusammenfluss zweier Flüsse lag.

Wie in einer Doppelbelichtung wird diese symbolische Kosmologie von einer zweiten überlagert: Ausgerichtet von Nord nach Süd stellt sich die Gesamtanlage als eine Kathedrale oder ein Tempel dar. Im Norden des Gartens liegt als weltlicher Pol das Schloss, das in seinem Innenhof mit dem Brunnen das Paradies darstellt – ähnlich wie im christlichen Sakralbau. Durchschreitet man das Tor zum Garten, gelangt man zur Ebene der Elementarwesen, repräsentiert durch eine Reihe von Zwergen auf einer Balustrade. Im Gartenparterre angelangt, stößt man auf die allegorische Darstellung der vier Elemente. Erst wenn man diese Schwelle durchschritten hat, gelangt man in das Reich der Götter und somit zum Zentrum des Gartens, der hier quasi die Vierung des Gartentempels bezeichnet. Weiter führt der Weg dem Ende des Gartens, dem »Chorraum« entgegen, der durch die Orangerie gebildet wird und durch ein lang gestrecktes Bassin wie durch einen Lettner vom übrigen Garten getrennt ist. Hier steht im Zentrum eine weitere allegorische Figur. Zum einen ist sie ein Symbol für den Fürsten selbst, Herrscher von Gottes Gnaden, zum anderen Bestandteil einer Figurengruppe, die die vier damals bekannten Erdteile zeigt, und verweist damit auf Europa. Gemeint ist hier der europäische Geistesweg, denn die Figur hat als Attribut den Hirsch – Symbol des keltischen Gottes Cernunnos und über das Geweih der Anbindung an höhere Welten.

Weiter schweift der Blick von hier in die Unendlichkeit der Landschaft und transzendiert damit den virtuellen Raum der Apsis in andere Realitätsebenen. Damit kommt die Individualität des spirituellen Weges eines Menschen im geistigen Weg Europas zum Ausdruck.

Begleitet wird diese zentrale Achse von einer Merkurlinie, die sich am Parkeingang mit einer Mond- und einer Sonnenlinie vereint und damit das Symbol des Stadtwappens energetisch widerspiegelt. Ein

Hinweis auf die Notwendigkeit der Vermittlung (Merkur) von Sonne (Bewusstsein) und Mond (Unbewusstes) zur Erlangung des inneren Paradieses.

Umrahmt wird der Garten von den nach oben strebenden Darstellungen der vier Winde und damit verankert in den Qualitäten der Landschaft.

So stellt Weikersheim, gegründet im Auenbereich zweier Flüsse (Element Wasser, Symbol Mond) mit seinen vielen nach oben strebenden Obelisken und auffallenden spitzen Formen (Element Feuer, Symbol Sonne) einen geomantisch-kosmologischen Mustergarten dar, der einen spirituellen Weg (Symbol Merkur) ins Paradies weist. Und wirklich erfährt man in diesem Garten eine zweite unsichtbare Ebene, eine paradiesische, jenseitige Welt, zu der man insbesondere über die Mitte, den Omphalos, geistigen Zugang erhalten kann.

Das Wirken der Orden: Templer, Johanniter und Deutschherren

Der aus dem frühen Mittelalter stammende Gralsmythos war eine der großen spirituellen Strömungen Europas und ist zugleich zutiefst mit der geistigen Thematik des Paradieses verbunden.

Anfang des 12. Jahrhunderts – zeitgleich mit den ersten Kreuzzügen – erlebt die sich um Artus, Parzival und den Gral drehende Legende einen neuen Höhepunkt.

1113 wird der erste Ritterorden begründet, »Soldaten Christi«, zugleich Mönche und Ritter: der Johanniterorden. Sein Ziel: der Schutz der Pilger im Heiligen Land. Nur fünf Jahre später entsteht unter maßgeblichem Einfluss des Bernhard von Clairvaux ein neuer Orden: die Tempelherren. Auch ihr Ziel ist der Schutz der Pilger im Heiligen Land. Nur handelt es sich um einen Bund von lediglich neun Rittern. Welchen Sinn hatte es, einen zweiten Orden zu begründen mit dem gleichen Ziel? Wäre es nicht viel effektiver gewesen, sich dem bestehenden Johanniterorden anzuschließen? Kurz nach der Gründung des Ordens ziehen die Tempelritter ins Heilige Land und nehmen Quartier beim König von Jerusalem. Als Unterkunft erhalten sie Räumlichkeiten auf dem Gelände, wo einstmals der Tempel Salomons mit der Bundeslade gestanden haben soll. Die Ordensbrüder sollen dort eine rege Such- und Grabungstätigkeit entwickelt haben. Wenige

Jahre später verlassen sie Jerusalem und kurz darauf bricht wie »aus dem Nichts« das Zeitalter der Gotik an. Die Baumeister der großen gotischen Kathedralen sind meist Laienbrüder – in Bauhütten zusammengeschlossen, von denen sich in späterer Zeit die Freimaurer ableiten werden.

Bereits auf dem Höhepunkt seiner Macht steht der Templerorden unter dem Nimbus, »Hüter des Grals« zu sein, und lässt diese Aura des Numinosen gerne um sich bestehen – sichert sie ihm doch Macht und Einfluss.

1307 schließlich ist seine Macht so weit angewachsen, dass selbst der französische König Philipp der Schöne mit hohen Summen beim Orden verschuldet ist. Durch eine Intrige lässt er den Orden der Ketzerei anklagen, auflösen und durch halb Europa jagen. Zahlreiche Ordensbrüder tauchen beim Orden der Johanniter und der Deutschherren unter, und mit ihnen geht auch ein Teil des Gralshüter-Nimbus auf diese Orden über. In Schottland ist die Verschmelzung der dortigen Templer mit dem Johanniterorden gar urkundlich belegt. Rund dreihundert Jahre später wird der Gralsmythos erneut aktuell werden und sich in der Planung großer Gartenanlagen niederschlagen …

Kleve

Die Stadt Kleve am Niederrhein, deren Name sich von »Kliff« ableitet, entstand um die an günstiger Stelle am Rande eines zur Rheinebene abfallenden Höhenrückens von Graf Rutger um 1050 angelegte Schwanenburg. Vermutlich war diese an der Stelle eines ehemaligen römischen Wachtturms erbaut worden. Die Stadt ist aufs engste mit der Gralsthematik verbunden: Ihr Wappentier ist der Schwan, der als Symboltier des heiligen Grals eng mit der Sage Lohengrins, des Sohnes von Parzival (dem Gralskönig) verbunden ist. Die Herren Kleves trugen nicht nur den Schwan in ihrem Wappen, sondern sahen sich als direkte, reale Nachkommen Lohengrins an. Sie stellten damit den unmittelbaren Bezug her, Erben des Grals zu sein! So wundert es nicht, dass in Kleve eine lokale Sage von einem Schwanenritter existiert, der hier allerdings nicht Lohengrin, sondern – ebenso symbolträchtig – Elyas heißt. Die Sage berichtet, dieser Schwanenritter sei aus dem irdischen Paradies gekommen, das man den Gral nennt. Der Gral tritt uns hier nicht als sagenumwobener Kelch oder Stein entgegen, sondern als eine genau bezeichnete Örtlichkeit, die die irdische Entsprechung des himmlischen Paradieses sei, denn eine zweite Sage der Region behaup-

Stadtwappen der Stadt Kleve aus einem Stadtrechtsbuch von 1614.

tet, das Paradies habe nördlich von Kleve gelegen und zwar dort, wo sich heute die Ortschaften Warbeyen, Düffelward und Keeken befinden.

Innerhalb Kleves nimmt vor allem der so genannte Tiergarten eine zentrale Stellung ein, dessen Gründer eine ebenso herausragende wie mysteriöse Gestalt war: Fürst Johann Moritz von Nassau, der von 1604 bis 1674 lebte, also in der Entstehungszeit von Versailles, Nymphenburg und Schleißheim sowie vieler anderer bedeutungsvoller Gartenanlagen. Er genoss zu seiner Zeit einen ausgezeichneten Ruf als Botaniker und Gartenfachmann und war sogar persönlicher Berater Ludwigs XIV. bei der Gestaltung von Versailles.

Der aus dem Hause Oranien stammende Fürst bekleidete nicht nur das Amt des Feldmarschalls der Niederlande, sondern eine Fülle weiterer Ämter, die kaum durch eine einzelne Person bewältigen zu sein scheinen. So war er Fürst von Nassau, Graf von Katzenelnbogen, Vianden und Dietz, Herr zu Beilstein, oberster Befehlshaber von Brasilien, Statthalter der Stadt Kleve, des Fürstentums Minden und der Grafschaften Mark und Ravensberg, Kommandant von Wesel und Brüderich und vieles mehr. Neben diesen zahlreichen profanen Ämtern war er aber auch Großmeister des Johanniterordens von vier Ländern: Mark Brandenburg, Sachsen, Pommern und Wendland.

Im Jahre 1647 übernahm der Großmeister des Johanniterordens das Amt eines brandenburgischen Statthalters der Stadt Kleve. Johann Moritz war kaum eine Woche im Amt, da begann er mit der Planung der Parkanlagen auf dem Weyenberg (= Weihenberg), und dies, obwohl ihm das Gelände zu dieser Zeit überhaupt noch nicht gehörte. Der Weyenberg hatte ihn geistig derart in Besitz genommen, dass er sich nicht von diesem Vorhaben abbringen ließ.

Der Klever Tiergarten

Beide Klever Parks – sowohl der alte Park (auch Sternbusch genannt) als auch der »Tiergarten« – wurden auf den bewaldeten Höhenrücken eiszeitlicher Endmoränen angelegt und greifen in Form von Alleen und Kanälen auf die Rheinebene über. Im Westen der heutigen

Johann Moritz von Nassau-Siegen zu Pferd vor Kleve. An der Brust das Johanniterkreuz. Hugo Allardt, 1654.

Parkanlage liegt ein Gräberfeld der niederrheinischen Grabhügelkultur, das neben dem alten Namen Weyenberg auf die Heiligkeit des Berges verweist.

Im Scheitelpunkt des oberen Terrassenhalbrunds der Anlage ließ sich Johann Moritz einen steinernen Ehrensessel errichten, von dem aus er die Aussicht über die weite Rheinaue genoss: Von der Höhe des »Kupfernen Kopfes« (eines Obelisken), wo einstmals der Ehrensessel des Fürsten stand, blickt man heute in einer Linie über den zentralen Kanal der Anlage hinweg auf den romanischen Kirchturm des ehemaligen Damenstiftes Hochelten. Der Eltenberg war vermutlich schon ein vorchristliches Heiligtum, denn »alto« ist keltisch und bedeutet »hoch, heilig«. Später wurde der Alto-Berg (heiliger Berg) zum Eltenberg.

In der Mitte des Kanals vor dem Amphitheater des Parks befinden sich zwei Inseln, von denen eine die Initialen des Fürsten Johann Moritz von Nassau trägt, die andere das Johanniterkreuz – Gedenkzeichen für die der Parkanlage innewohnende Qualität. Hervorzuheben ist vor allem der nach italienischen Vorbildern (Villa d'Este, Tivoli) umge-

Der Minervabrunnen stellt eine Variante des Drachentötermotivs dar: Minerva mit Lanze und Gorgonenhaupt.

baute Brunnen im so genannten Amphitheater, der auf der oben beschriebenen Hauptachse steht. Der niederländische Dichterfürst Joost van den Vondel besang diese »Fontana Miranda« (diesen wunderbaren Brunnen) in einer mythischen Ode, in der es heißt, die Delfine des Brunnens speiten nicht das gewöhnliche hier am Springenberg entsprungene Quellwasser, sondern das mythische Wasser der einst von Pegasus auf dem Musenberg Helikon aus dem Boden gestampften Hippokrene. So wird der Minervabrunnen zum heiligen Quell. Dieses Gedicht scheint wie eine Vorahnung gewesen zu sein, denn 1741 wurde in der Tat eine eisenhaltige Heilquelle am Hang des Springenbergs entdeckt, die in den darauf folgenden Jahrzehnten Kleve zur Kurstadt aufsteigen ließ. Die Wuchsform vieler Bäume auf dem Weyenberg (extreme Zwieselbildung) lässt vermuten, dass dies nicht die einzige Quelle auf dem Areal des Parks ist.

Der Minervabrunnen zeigt darüber hinaus interessante Anspielungen auf die herrschende energetische Qualität: Vier Delfine flankieren eine steinerne Gartenvase, die mit dem Amsterdamer Stadtwappen geschmückt ist. Darüber steht Minerva auf einer Kugel, ihr zu Füßen die Eule der Weisheit. In der Rechten hält Minerva eine Lanze, die bereits auf die Symbolik des Gesamtensembles der Hauptachse, zu welcher der Minervabrunnen gehört, hindeutet. Minerva trägt einen schlangengesäumten Brustpanzer, auf dem das Gorgoneion, das schlangenumzingelte, Unheil abwehrende Haupt der Gorgo Medusa, prangt. Beides Hinweise auf die hier vorherrschenden, radiästhetisch feststellbaren Energiequalitäten.

In einer älteren Fassung war das zweite Wasserbecken von unten mit einem römischen Brunnen geschmückt, der das Wasser so in die Luft sprühte, dass eine Art Wassergewölbe entstand. Ein Teil des Wassers tropfte von Schale zu Schale. Rund um das Becken waren römische Weihealtäre aus der Klever Sammlung aufgestellt, die in Anbetracht der geomantischen Gesamtkonzeption des Parks sicher nicht nur ästhetischen Wert besaßen.

Im Klever Amphitheater treffen Elemente italienischer, französischer und niederländischer Gartenarchitektur zusammen. Vermutlich lässt sich dies auf den Einfluss des Gartenarchitekten Jacob von Campen zurückführen, den sich Johann Moritz zur Hilfe nahm und der als junger Mann 1617 bis 1623 eine Reise nach Italien unternommen hatte.

Der ebenfalls in der Hauptachse stehende Säulentempel ist neueren Datums. Er entstand nach zwei Entwürfen des Bauinspektors Die-

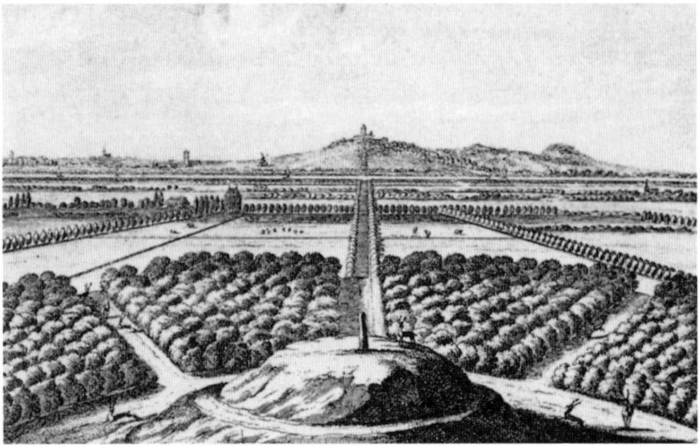

Blick vom Sternberg im Tiergarten auf die nördlich gelegene Rheinebene. Nach Jan van Call, um 1685.

terichs von 1851/52. Dabei handelt es sich um einen so genannten Pseudo-Monopteros, dessen Gewölbe auf der einen Seite von vier Säulen getragen wird, während bergwärts drei Nischen (Interkolumnien) zwischen flachen Pfeilervorlagen geschlossen bleiben und damit die Achse des Amphitheaters betonen. Urbild dieses Tempels – wie in der Gartenarchitektur überhaupt jedes in »heiliger Landschaft« gelegenen Rundtempels – ist der hoch über den Wasserfällen des Anio gelegene so genannte Sibyllentempel zu Tivoli.

Die Gestaltung würde sich kaum von der anderer barocker Anlagen unterscheiden, wäre da nicht die radiästhetisch zu mutende Leylinie, die exakt in der beschriebenen Achse verläuft, in der sich Tempel, Amphitheater, Minervabrunnen und Kanal befinden, und auf den heiligen Eltenberg zielt, dorthin, wo einst der Ehrensessel stand. Als vorwiegend geradlinig durch die Landschaft laufendes Phänomen kann man die Leylinie einem maskulinen Prinzip zuordnen, wodurch dann auch die Beigaben des Minervabrunnens – Schlangen, Gorgonenhaupt und Speer – einen ihre besondere Qualität andeutenden Sinn erhalten.

Ein zweiter zentraler Punkt der Anlage ist der künstlich aufgeschüttete(!) Sternberg, von denen es einige gleichen Namens im Umland von Kleve gibt. Gleich zu Beginn seiner Statthalterschaft hatte Johann Moritz von Nassau von diesem Ort geschwärmt und dem Bürgermeister vorgetragen: »ob nit einige wege, als vom Muhlen- und Galgenbergh, und sunsten wie es angewiesen werden solte, bis zum obersten theil dieses Wayenbergs gemacht werden mußten ...« Johann Moritz hatte also den Weyenberg schon verplant, ehe er überhaupt in das Eigentum des Kurfürsten übergegangen war.

Zehn Achsen waren von diesem zentralen Platz auf Schlösser und heilige Orte der Umgebung als »Points de vue« gerichtet, so zum Beispiel auf den (heiligen) Eltenberg, St. Adelgundis in Emmerich, Schloss Moyland, den klevischen Lindenbaum(!), den Galgenberg und den Wallfahrtsort Kranenburg, nach Nimwegen und Arnheim. Im Zentrum des künstlich aufgeschütteten Sternbergs befindet sich heute eine junge Linde, die einen älteren Baum abgelöst hat. Die besondere Bedeutung des Baumes zeigt sich auch darin, dass es die einzige Linde in der näheren Umgebung ist. Ansonsten wird der Park in erster Linie von Buchen und in der Nähe des Sternbergs von Eichen beherrscht. Die Linde, der Baum Freyas, deutet schon in ihrem Namen auf den Drachen oder Lindwurm hin; auch der Drache, den Siegfried erschlug, lebte bei einer Linde, worauf das Lindenblatt hindeutet, das ihm auf die Schulter fiel, als er im Drachenblut badete. Viele heilige Linden verweisen auf eine besondere geomantische Struktur an ihrem Standort, die wir als einstrahlende Punkte kennen (Kunigundenlinde in Burgerroth, Tassilolinde bei Wessobrunn u. a.). Auch hier auf dem Sternberg zeigt sich ein solches Phänomen, das sich von diesem Zentrum ausgehend in den zehn Achsen des Parks strahlenförmig ins Umland ausfächert. Ältere Darstellungen zeigen an Stelle eines Baumes einen hohen Stein in der Mitte des Sternbergs, der nach »megalithischer Tradition« ebenso als Axis Mundi, als Himmel und Erde verbindende Achse, fungierte.

So erscheint der Sternberg wie ein Gefäß, das die kosmischen Kräfte aufnimmt, davon überquillt und sie ins Umland verteilt. Er verkörpert damit das weibliche Prinzip, das dem maskulinen Gegenpol der Leylinie in der Hauptachse des Parks – gekennzeichnet durch die Lanze Minervas – gegenübersteht. Achse und Sternberg erscheinen somit als zwei Antipoden, die man, der Gralsthematik Kleves folgend, als heiligen Speer und heiligen Gral betrachten kann.

Zwei weitere Alleen durchqueren den Tiergarten vom Amphitheater aus und sind auf das Turmpaar der Klever Stiftskirche und den (heute untergegangenen) Johannisturm gerichtet.

Der Sternbusch (Alter Park)

Prägendes Merkmal des Sternbuschs ist eine von Johann Moritz von Nassau gepflanzte Linde, die von acht kleineren Linden umgeben war. Von hier aus waren wiederum acht Wege strahlenartig durch den Wald gelegt, die der Anlage den Namen »Sternbusch« gaben. Einige dieser Sternwege sind noch vorhanden. Wie im oben beschriebenen

Tiergarten wurden auch hier im Sternbusch künstliche Aussichtshügel aufgeworfen. So stand auf dem »Kiek in de Pott« eine Landmarke, bestehend aus dem Johanniterkreuz, dem Monogramm von Johann Moritz sowie Waffenteilen und zuoberst einer Armillarsphäre, ein astronomisches Gerät.

Vom Papenberg westwärts wurde eine Allee geführt, die den Schwanenturm als Sichtmarke hatte. Am ihrem Ende ließ sich Johann Moritz an einem Ort, der »Berg und Tal« genannt wird, noch zu Lebzeiten ein Grabmal errichten, obwohl er zunächst nach Manier der Tempelritter eine oktogonale Grabkapelle am Berghang unterhalb des Prinzenhofes als seine Grabstätte vorgesehen hatte. Als er jedoch den Tod nahen fühlte, ließ er einen Sarkophag unter den Bäumen des »heiligen Hains« in »Berg und Tal« aufstellen. Er folgte damit antiken Vorbildern wie der Tomba di Nerone an der Via Flamina vor Rom und dem Wunsch, seine letzte Ruhestätte in einer »arkadischen Landschaft« anzusiedeln. Noch außergewöhnlicher als das Grab in freier Waldlandschaft ist die vor der Grabstätte aufgemauerte Exedra – ein in zwei Viertelkreisen angelegtes Halbrund, in das zwölf Nischen eingelassen sind, die Steindenkmäler der klevischen Antikensammlung beherbergten. Diese wurden erst 1792 beseitigt und sind heute durch Abgüsse ersetzt. In den Nischen waren unter anderem ein Weiherelief für Jupiter Conservator, Altäre für Jupiter, die drei Muttergottheiten (Matres Treverae), Apollo, Luna und Sol, sowie für die germanische Göttin Huldana und für Merkur eingelassen. Dadurch wurde das Numen (das Göttliche oder der göttliche Hauch), mit dem die orginalen Altäre aufgeladen waren, in die Umfassungsmauer eingespeist. Durch die parabolartige Form der Mauer entstand ein Feld konzentrierten Äthers, durch das jeder hindurch musste, der zum Grabmal gelangen wollte. Neben den Altären und anderen Steindenkmälern waren römische Tongefäße verschiedener Art in den oberen Segmentbögen und in Dreiecksnischen angebracht. Auch sie wurden 1979 durch Nachbildungen ersetzt.

Johann Moritz selbst war sich der Besonderheit der Anlage bewusst. Er schrieb 1678 aus Berg und Tal an den Großen Kurfürsten: »Viele sagen, dass dergleiche wahr stück oder werck zu Romm, oder in Frankreich nicht zu finden seye, es seindt Jesuiten expressé von Roeremonde, Cölln, Duysseldorf, und Embrich, dieses werck zu besehen, kommen, und selbiges gelobet.«

Wobei die Jesuiten in der Geomantie durchaus bewandert waren. Selbst Friedrich der Große wünschte sich eine ähnliche Grabstätte für das geomantisch so hervorragend geplante Sanssouci. Einen Tag vor seinem Tode bestimmte Johann Moritz dann aber eine Gruft in seiner angestammten Heimat Siegen zu seiner letzten Ruhestätte.

Obwohl fast unbekannt, übte Johann Moritz zu Nassau durch diese Planungen großen Einfluss auf die Gartengestaltungen in ganz Europa aus. Seine Werke wurden zum Vorbild des Schlossparks Sanssouci, der später durch Peter Joseph Lenné zum Landschaftspark umgestaltet wurde.

Lenné und die Hohenzollern

Am 20. August 1664, siebzehn Jahre nach Planungsbeginn in Kleve, schrieb Johann Moritz von Nassau in Hinblick auf Potsdam an den Kurfürsten Friedrich Wilhelm, dessen Statthalter er war: »Das gantze Eyland muß ein Paradies werden«. Er meinte damit in Anbetracht der Anlage in Kleve als »irdisches Paradies« bzw. »verorteter Gral« nicht einfach eine ästhetische Phrase, sondern es ging ihm und dem Kurfürsten ebenso wie dem nachfolgenden ganzen Hause der Hohenzollern um die Gestaltung einer Vision: die Schaffung eines spirituellen Gartens – das Paradies.

Ähnlich wie in Kleve, das der Sage nach nahe dem irdischen Paradies lag und in dessen Umgebung sich noch heute zahlreiche sakrale Flurnamen finden (z.B. »Heilig Land«), zeichnet sich auch die »Insel« Potsdam durch eine Fülle von sakralen Orten und Namen aus, wie »Heiligsee«, »Jungfernsee«, »Pfingstberg«, »Sacrow«, um nur einige zu nennen.

Dass verschiedene Ortschaften in Brandenburg selbst wiederum Templergründungen waren (Tempelhof, Lichtenrade, Marienfelde u.a.) zeigt weitere Bezüge zur Thematik des Paradieses und des Grals.

In der ersten Hälfte des 15. Jahrhunderts stand das Potsdamer Eiland unter der Herrschaft des Kurfürsten Friedrich II. (1413–1450) von Hohenzollern. Er war von geradezu schwärmerischer Religiosität und ein tiefer Verehrer des Wunderblutes von Wilsnack. Eine seiner ersten Amtshandlungen war die Stiftung des »Schwanenordens«, an dessen Spitze er seine Gattin Katharina setzte. Wie in Kleve tritt uns auch hier der Schwan als altes Gralssymbol entgegen. Georg Schuster schreibt dazu in der »Geschichte des Hauses Hohenzollern« (S. 44): »Wenn irgend etwas imstande ist, die mystisch-religiöse Weltanschauung Fried-

Potsdam und seine an »sakralen Flurnamen« reiche Umgebung.

richs, zu der er sich inzwischen durchgerungen, zu kennzeichnen, so sind es die seltsamen Insignien des Ordens und ihre tiefsinnige Symbolik.« Die Brüder des Kurfürsten, Markgraf Johann, der als Alchimist bekannt war, und Markgraf Albrecht, machten sich 1435 auch auf, um angesichts des Heiligen Grabes in Jerusalem den Johanniter-Ritterschlag zu empfangen.

Doch kommen wir zurück ins 17. Jahrhundert, als der »Große Kurfürst« Friedrich Wilhelm in Potsdam residierte. Wie in Kleve gingen auch hier entscheidende Anregungen, vermutlich sogar Entwürfe, von Johann Moritz aus. Schon 1647 hatte er bei der Anlage »Unter den Linden« eine Achsenführung gewählt, deren Blickbahn das Berliner Schloss unter einem Winkel von 30 Grad trifft. 1654 wiederholte er diese Achsenführung in Kleve, wo er vom Endpunkt des Amphitheaters einen schmalen Kanal auf die ebenfalls 1654 erbaute Wasserburg Rindern graben ließ, der unter demselben Winkel auf das Portal der Wasserburg trifft. Hier fand Professor Eike Georg Hensch von der Fachhochschule Hannover bei radiästhetischen Untersuchungen eine »geomantische Zone«, ein geradlinig verlaufendes Phänomen, das auf den Turm von St. Adelgundis in Emmerich zielt. In den Boden dieses Turmes ist ein rundes Mosaik eingelassen, das die Besonderheit des Platzes betont.

Hatte Johann Moritz in Kleve die Umgebung durch verschiedene Parkanlagen und Alleen in eine spirituelle Kulturlandschaft, in ein »Paradies«, verwandelt, so hatte er in Potsdam nun Ähnliches vor: Ausgangspunkt der Gestaltung war das in den Sechzigerjahren des 17. Jahrhunderts erbaute Potsdamer Stadtschloss. Von hier aus sollten die Achsen ins umliegende Havelgebiet ausstrahlen. Wie beim hohen und niederen Tiergarten in Kleve wurde ein Lustgarten mit niedriger Pflanzung geplant, um den Blick zum Brauhausberg und damit bis zu dem sich nach Tornow erstreckenden Tiergarten freizuhalten. Wichtiges Element der Landschaftserschließung waren wie in Kleve die großen Alleen, die vom Schloss ausgehend zu markanten Punkten in der Landschaft oder einem Lustschloss führten. So lief eine schnurgerade Allee durch Wald- und Sumpfgebiet und verband den westlichen Pavillon des Schlosses mit dem Pannenberg bei Golm (später »Ehrenpfortenberg«). Dort war eine weithin sichtbare Eiche der Markierungspunkt.

Rechtwinklig zur ersten durchschnitt eine zweite Achse die Fasanerie und endete am Eichberg, der heute Pfingstberg genannt wird (Pfingsten als jenes Fest, an dem der Heilige Geist die Apostel überkam). Den geraden Verlauf zeichnet heute die Otto-Nuschke-Strasse und die Jägerallee nach. Weitere Alleen führten zu den Schlössern Bornim, Caputh (= Haupt) und Glienicke, auf das wir später noch zu sprechen kommen (siehe unten).

Die Geschichte der Hohenzollern ist eng mit dem spirituellen Impuls der Gralsritterschaft verknüpft: Der Sohn des Großen Kurfürsten Friedrich stiftete bereits im Alter von zehn Jahren den Orden »de la générosité«. 1681 übernimmt er an Stelle des verstorbenen Fürsten Moritz von Nassau die Statthalterschaft Kleves.

1744 wuchs unter Friedrich II. die Potsdamer Sakrallandschaft mit Sanssouci weiter. Mit seinem Tode endete für Potsdam zunächst die wohl bedeutendste künstlerische Epoche. Sein Neffe Friedrich Wilhelm II. legte die Neuen Gärten am Heiligen See und am Jungfernsee im Osten an. Unmittelbar am Heiligen See errichtete Carl von Gontard nach 1787 das Marmorpalais und die daneben liegende Küche mit der Fassade eines in den See sinkenden zerfallenden Marstempels.

Erst Friedrich Wilhelm IV. knüpfte wieder an die Gestaltung des Johanniter-Großmeisters Johann Moritz an: Das Interesse Friedrich Wilhelms, der übrigens mit Elisabeth von Bayern (1801–1873) verheiratet war, galt um 1823 zunächst dem Bau des großen Schlosses auf dem Tornow am Havelufer, das in einem direkten Achsenbezug zum Schloss Sanssouci stehen sollte. Die meisten der ausgeführten Projekte beruhten auf Vorstellungen, die Friedrich Wilhelm persönlich skizziert hatte, so auch das Belvedere auf dem Pfingstberg, den Johann Moritz in einen Achsenbezug zum Stadtschloss gesetzt hatte! Eindeutig wird der Zusammenhang aber erst, wenn man berücksichtigt, dass Friedrich Wilhelm IV. 1852 den Johanniterorden in Brandenburg neu begründen ließ und 1853 seinen Bruder Carl zum Herrenmeister dieses Ordens ernannte. Plötzlich, nach zweihundert Jahren, wird nun alles daran gesetzt, die »Uridee« zu erfüllen: Das ganze Eiland soll ein Paradies werden!

Bereits 1824 hatte Prinz Carl die Arbeiten in Glienicke aufgenommen. Dem Pücklerschen Prinzip der »leitenden Hand« folgend, arbeitet er selbst maßgeblich in Glienicke mit und gestaltet die Parkanlagen. Selbst Lenné kann nur innerhalb seiner strengen Vorgaben handeln. Die Schaffung des Klosterhofs, einer klosterähnlichen Anlage im Glienicker Park, lässt erahnen, dass es auch hier um mehr ging als um eine Staffage im Sinne des Landschaftsgartens: Unter Verwendung originaler Architekturteile eines auf Abbruch verkauften Klosters der Insel

Certosa bei Venedig gebaut, diente das Bauwerk vorwiegend zur Aufnahme frühchristlich-byzantinischer Kunstwerke des Prinzen; unter anderem wurde hier das Reliquienkreuz von Kaiser Heinrich II. (1002–1024) aufbewahrt. Meines Erachtens handelte es sich um einen Sakralbau des Johanniterordens. Dass das ganze Schloss dem Johanniterorden als Zentrum diente, zeigen noch heute die Johanniterkreuze am Portal und im Pflaster, und dass der Ort im Parks wohl gewählt war, beweist das alte Tatzenkreuz (Templerkreuz?) im Nordteil des Parks. Auch Gräfin von Rothkirch kommt bei ihren Beschreibungen des Glienicker Klosterhofes zu dem Schluss, dass es dem Prinzen Carl bei der Sammlung von Kunstgegenständen des Mittelalters wohl vor allem um das »Verständnis geistiger Zusammenhänge« ging, denn »alle Dinge des Klosterhofes haben einen Sinnzusammenhang«, wie auch in ähnlicher Weise alle Elemente der Kulturlandschaft Potsdams einen oft noch verborgenen Sinnzusammenhang besitzen, der Potsdam mehr und mehr zu einer Sakrallandschaft werden lässt.

Die scheinbare »Sammelleidenschaft« für »religiöse Antiquitäten«, die der Prinz und neue Johanniter-Großmeister Carl im Park Klein-Glienicke dokumentiert, zeigt deutliche Bezüge zum Wirken des Großmeisters Johann Moritz zweihundert Jahre zuvor. Über die in den Kunstobjekten gespeicherten Ätherkräfte wird der Ort quasi mit Gött-

Glienicke mit der »Löwenfontaine«.

lichem, mit »Numen« oder »Mana« aufgeladen, eine Technik, die vom christlichen Reliquienkult nicht sehr verschieden ist. Einige Orte im Park ragen sowohl in der Gestaltung als auch in ihren geomantischen Qualitäten heraus und verdienen es, detailliert beschrieben zu werden.

Vor dem Schloss befindet sich eine von zwei goldenen Löwen flankierte Fontäne. Radiästhetische Untersuchungen zeigten, dass die Standortwahl wohl bedacht war, denn im Zentrum des Springbrunnens kreuzen sich nicht nur diverse Gitternetze und eine Wasserader, sondern, wie der vor einigen Jahren schwer vom Blitz beschädigte Baum in der Nähe des Brunnens zeigt, auch eine in etwa in Süd-Nord-Richtung verlaufende geologische Verwerfung. Diese Strahlungszonen bewirken durch ihre Überkreuzung im Zentrum des Brunnens ein starkes Strahlungsfeld, das durch Interferenzen eine zusätzliche vertikale Komponente erhält. So bildet sich auch hier eine kosmische Axis Mundi, die, wie die radiästhetische Frequenzbestimmung zeigt, mit der Sonne im Einklang schwingt. Die solare Kraft des Einstrahlpunktes findet in der Symbolik der flankierenden goldenen Löwen eine Bestätigung.

Wendet man sich von hier aus dem südlich des Schlosses gelegenen Gartenteil zu, kann man eine ganze Reihe gestalterisch etwas merkwürdiger, aber geomantisch hochinteressanter Details entdecken.

So trifft man auf dem Weg zum Aussichtspunkt des Sees (»Casino«) auf einen Kranz gepflanzter Linden mit extremen Wuchsanomalien, Wucherungen und Wasserreiserbildungen. Üblicherweise werden solche Baumkreise in der historischen Gartengestaltung als Endpunkte von Wegen gesetzt. Hier aber wird der Hauptweg mitten durch den Baumkreis geführt. Eine gestalterische Panne? Mitnichten! Die radiästhetische Analyse ergab eine Fülle von energetischen und ätherischen Phänomenen im Zentrum des Kreises: Wasseradern, Verwerfungen und Gitternetze. Darüber baut sich wiederum eine vertikale Achse auf, die im Sinne der Systematik des Geomanten Marko Pogačnik als so genannter Atmungspunkt zu benennen ist, eine Art »Pore« des Erdorganismus, durch die ätherische Kräfte ein- und ausströmen. Übergibt man sich dem Strom der Kräfte im Kreis, erfährt man eine ungeahnte energetische Reinigungskraft.

Öffnet man die Augen und blickt von hier aus weiter in Richtung »Casino«, erkennt man, dass der Weg zu einer Statue geführt wird, die eine originale Asklepiosabbildung zeigt: der Gott des Heils. Messungen mit dem Biometer nach Bovis an dieser Stelle zeigen Werte von 9500 Boviseinheiten (der Neutralwert liegt bei 6500).

Die radiästhetische Analyse bringt eine rechtsdrehende Diagonalgitterkreuzung unmittelbar vor der Statue ans Licht. Wer die Reinigungskraft des Lindenkreises erfahren hatte, konnte hier – im Angesicht des Heilsgottes Asklepios – Lebenskraft »tanken« und Heilung erfahren. Bei dieser Gestaltung fallen einem die Wurzeln des Johanniterordens wieder ein: Seine Aufgabe war nicht nur der Schutz der Pilger im Heiligen Land, sondern auch die Pflege Verwundeter, woher auch ihr Name »Hospitaliter« herrührt.

In Klein-Glienicke war nicht nur der Johanniterorden neu gegründet worden, mit der Anlage des Gartens hatte man zudem eine auf vermutlich historischem Grund neu geschaffene Heilsstätte errichtet. Federführend für die Planung war niemand anders als der Prinz Carl von Hohenzollern, der Großmeister des Johanniterordens und Bruder von König Friedrich Wilhelm IV. Als Berater stand ihm Fürst Pückler-Muskau zur Seite, der wesentliche Teile des südlichen Parkensembles gestaltete. Eine ebenso mysteriöse Figur, auf die wir im Folgenden noch zu sprechen kommen werden.

Der Haus- und Hofgestalter der königlichen Gärten jedoch war Peter Josef Lenné, einer der berühmtesten Gartenarchitekten der deutschen Kulturgeschichte. Peter Josef Lenné wurde 1789 in Bonn als Sohn des kurfürstlichen Hofgärtners (ebenfalls Peter Josef mit Namen) geboren. Nach Studien in Botanik und Architektur erhielt er 1814 das Amt eines kaiserlichen Garteningenieurs, bis er 1816 von Friedrich Wilhelm III. nach Potsdam berufen wurde. Angesichts der vielen geomantisch gestalteten Gärten, an denen er mitwirkte, stellt sich die Frage, ob Lenné bewusst Geomantie betrieben hat oder nicht. Nach vielen Jahren der Beschäftigung mit ihm und seinem Werk bin ich heute jedoch zu dem Schluss gekommen, dass er die Geomantie nicht bewusst eingesetzt hat. Das schmälert keineswegs seine großen Verdienste, denn Lenné war ein Künstler, ein Meister im Umgang mit den ätherischen Kräften. Da die freien Ätherkräfte über unser emotionales Empfinden leicht wahrnehmbar sind, muss er um diese Kraft nicht »gewusst« haben, um sie gestalten zu können.

Peter Josef Lenné hatte ein hervorragendes Raumempfinden. Mit präziser Intuition setzte er Bäume und schuf kleine Bodenwellen im ebenen Gelände, die den Strom der terrestrischen Lebenskräfte, das Qi, anregten. Wie ich noch näher ausführen werde (siehe Seite 154f.), lassen sich durch Geländemodulation die ätherischen Kräfte ins Fließen und Pulsieren bringen. Sein Spiel mit der Wuchsform und Färbung der Bäume bewirkt beim Besucher seiner Parks intensive Impulse auf das eigene bioenergetische Körperfeld.

Als Beispiel möchte ich hier das später noch eingehender zu beschreibende Sanssouci erwähnen. Lenné schuf hier im östlichen Teil der großen Hauptachse eine geradezu genial zu nennende Gestaltung mit Pflanzen. Nähert man sich von Sanssouci kommend dem Neuen Palais, wird die Bepflanzung zum Weg hin zunehmend enger. Analog verdichtet sich hier das bioenergetische Körperfeld des Besuchers. Diese Pflanzung geht einher mit der Auswahl »schwerer« und »erdiger« Pflanzen (siehe Seite 100–103) wie Rhododendron und Eibe. Dadurch erhöht sich der Druck auf die »Aura«, das bioenergetische Feld des Besuchers. Dann wird diese enge, dunkle Bepflanzung plötzlich wieder aufgelockert, und man durchquert sehr licht gehaltene Kiefernhaine. Analog weitet sich die Aura des Besuchers, nur um anschließend erneut verdichtet zu werden. Durch diesen Wechsel wird eine Pulsation der Lebenskräfte im Körper in Gang gesetzt, die dem von Wilhelm Reich beschriebenen Pulsieren der Orgonenergie gleicht.

Kurz vor dem Neuen Palais rückt die Pflanzung erneut extrem dicht an den Weg heran, ja man muss einen eigentlichen »Kanal« von Rhododendren durchqueren. Die Aufmerksamkeit des Besuchers wird nach innen gerichtet, seine Aura verkleinert. Dann steht man plötzlich und unmittelbar auf dem großen Platz. Die wie ein Gummiball zusammengezogenen bioenergetischen Kräfte des Besuchers »explodieren« geradezu und seine Aufmerksamkeit wird auf den Platz und das Schloss gezogen. Dieser plötzlich nachlassende »Druck« wird von vielen als extreme Erleichterung erfahren, einhergehend mit einem starken Euphoriegefühl.

Solcherart geniale Gestaltungen mit den Energien könnten den Schluss nahe legen, dass Lenné doch mehr wusste, doch zeigt die Historie klar: Die wesentlichen geomantischen Bezüge, ihre Lokalisierung und Gestaltung in den Parks stammen stets aus der Hand des hohenzollerischen Königshauses. Lenné war nicht mehr und nicht weniger als der genial begabte »Künstler-Handwerker«, als der er vom Fürsten Pückler bezeichnet wurde.

Herrenchiemsee

Bereits im Barock bestanden politisch, künstlerisch und erst recht geomantisch-gestalterisch starke Beziehungen zwischen dem bayerischen Adelshaus der Wittelsbacher und dem Hause Oranien.

Herrenchiemsee.

Ludwig II.

So wie es in Potsdam nach einem vorübergehenden Machtverlust der Johanniter in den Jahren um 1750 bis 1852 im Hause Hohenzollern zum Wiederaufleben der Ritterorden gekommen war, lebten auch im bayerischen Königshaus, als 1864 König Ludwig II. im Alter von achtzehn Jahren den bayerischen Thron bestieg, der Gralsgedanke und die Ritterorden wieder auf. Elisabeth von Bayern hatte mit ihrer Heirat des Hohenzollernkönigs Friedrich Wilhelm IV. die Verbindung des bayerischen Königshauses zu den Ritterorden erneut geschaffen. Die in den Folgejahren von Ludwig II. geschaffenen Schlösser wie das weltberühmte Neuschwanstein huldigen bis ins Detail dem Mythos vom Gral. Das von Georg Schachinger 1887, ein Jahr nach dem tragischen Tod des Königs, vollendete Porträt Ludwigs II. zeigt diesen im Ornat des Georgi-Ritterordens. Aber bleiben wir bei der Gartenkunst: Der vielleicht größte und kostspieligste Traum, den sich der König erfüllte, war sein eigenes »Versailles«. Ludwig II. war ein glühender Verehrer seines barocken französischen Namensvetters, und so stellt sich die Gartenfassade des 1878 begonnenen Schlosses Herrenchiemsee auch als eine genaue Kopie der Gartenfassade von Versailles dar.

Als 1873 Ludwig II. die Chiemseeinsel Herrenwörth erwarb, hatte diese bereits eine mehr als zweitausendjährige Geschichte, von der noch heute keltische Wallanlagen zeugen. Mit der Planung des neuen Schlosses wurde Georg Dollmann beauftragt, der auch für das

Schloss Neuschwanstein verantwortlich zeichnete. Die Gartengestaltung oblag Carl von Effner, dem Urenkel des Joseph Effner, der sowohl in Nymphenburg als auch in Schleißheim geomantisch tätig gewesen war (siehe Seite 25f. und 28f.).

Wie die radiästhetischen Arbeiten von Robert Endrös zeigen, wurde das Schloss, ähnlich dem Schloss Lustheim (siehe Seite 29), auf einen großen unterirdischen Wasseradermäander gesetzt. Dadurch erhält das Schloss einen starken vertikalen Achsenbezug und die Funktion eines lokalen Omphalos. Geschnitten wird dieses System von einer Leylinie, die parallel zur Hauptachse verläuft und von der Wallfahrtskirche Weihenlinden im Westen zum Hochberg bei Traunstein im Osten führt. So setzte sich Ludwig in der Tat in ein solares Bezugssystem ausstrahlender Kräfte und machte sich selbst zum »Sonnenkönig«, ja zum »Gralskönig«.

Das Wirken der Logen: Freimaurer, Rosenkreuzer und die hermetische Tradition

Fassen wir noch einmal zusammen: Vom frühmittelalterlichen Gralsmythos als einer der großen spirituellen Strömungen und Paradiesmythen spannt sich eine geistige Linie über die im 12. Jahrhundert entstandenen Templerorden, deren Zerschlagung im 14. Jahrhundert und dem damit verbundenen Aufgehen des großen geomantischen Bauhüttenwissens in die anderen Ritterorden bis zum erneuten Höhepunkt des Gralsgedankens im Johanniterorden in der zweiten Hälfte des 17. Jahrhunderts. Zeitgleich entwickelt sich aus den Laienbrüdern und den gotischen Bauhütten ein zweiter, sozusagen »bürgerlicher« Wissensast, der in der hermetischen Tradition der Rosenkreuzer und Freimaurer mündet, die sich beide auf den Templerorden als Quelle berufen. Allerdings hatten in diesem Orden auch Nichtadelige Zugang zu den inneren Kreisen.

Um 1750 scheint die Macht der Orden zu schwinden. Die Logen drängen sich in den Vordergrund und gewinnen Einfluss in den deutschen Königshäusern, allen voran wiederum im Hause Hohenzollern. Gut hundert Jahre währt ihr Einfluss, bis es in der Mitte des 19. Jahrhunderts zu einem letzten Aufbäumen christlich-ritterlicher Geistesimpulse kommt. Die geomantische Arbeitsweise dieser beiden Gruppierungen wird sehr deutlich anhand der Gartenstile, die sich zeitgleich änderten. Mit dem Niedergang der Ritterorden und dem wachsenden Einfluss der Logen kommt es in der Gartenkunst zum Wechsel vom hierarchisch-zentralisierten barocken Stil zum »demokratisch«-volksbezogenen Stil des englischen Landschaftsgartens.

Mit der Französischen Revolution schließlich verändert sich das Verhältnis des Menschen zur Natur grundlegend. Der Garten wird »zum Medium, über das das ›höchste Wesen‹ den Weg ins Innere des Menschen findet und ihm die natürliche Freiheit schenkt« (Harlen 1989: 10).

Das Paradiessymbol des »zentralistischen« Weltenbaumes wandelt sich in der Gartenkunst zum »Freiheitsbaum«, und statt die Natur nach den Visionen des übergeordneten menschlichen Verstandes (symbolisiert durch die Geometrie) zu formen, erfährt der Mensch das Göttliche in der Natur, den Genius Loci. Der Garten soll »der Tempel der Anbetung der höchsten Wesenheit« sein, wie von Hirschfeld, einer der Initiatoren und Mitbegründer des Englischen Gartens in München, im 18. Jahrhundert schrieb.

Friedrich Ludwig von Sckell – der Englische Garten in München

1789, im Jahr der Französischen Revolution, beschloss Kurfürst Karl Theodor, angeregt durch den Freimaurer Graf Rumford, den bisherigen »Hirschanger« in München in einen Park umzugestalten. Das Besondere daran: Obwohl vom Adel in Auftrag gegeben, war der Park von Anfang an als ein »Volkspark« zur »allgemeinen Ergötzung« gedacht, in dem sogar ein »Hut-Zieh-Verbot« die niederen Stände davor bewahrte, ständig vor den höheren Kreisen hofieren zu müssen. Alle Besucher sollten hier gleich sein.

Friedrich Ludwig Sckell, der in späteren Jahren (1808) für seine Verdienste geadelt wurde, wurde dem Grafen Rumford zunächst als Berater zugeteilt. Als Sohn des Hofgärtners Johann Wilhelm Sckell, der bemerkenswerterweise in den Diensten des Fürsten von Nassau, des Nachkommen des Johanniter-Großmeisters aus dem 17. Jahrhundert, stand und aus einer alten Gärtnerfamilie stammte, wuchs Friedrich Ludwig Sckell im Umfeld der Gärtnerarbeiten seines Vaters im Schlosspark von Schwetzingen auf und durchlief seine Ausbildung in Frankreich und England, bis er von Karl Theodor kurz nach dessen Amtsantritt nach München geholt wurde. Um 1807 legte Sckell einen Entwicklungsplan für den Englischen Garten vor, der die Erweiterung des Gartens im Stile des englischen Landschaftsgartens vorsah. Doch bevor der Bau der Parkanlage begonnen wurde, mussten alle Beteiligten schwören, nicht dem Kreis der »Illuminaten« anzugehören. Obwohl den neuen humanistisch-bürgerlichen Ideen gegenüber offen, wollte man doch keine Umwälzung im Sinne der Französischen oder amerikanischen Revolution fördern, die im Übrigen im Wesentlichen von Freimaurer- und Rosenkreuzerlogen getragen war. Vier Personen wirkten vor allem an der Entstehung des Gartens mit: Karl Theodor von Pfalz-Sulzbach, Graf Rumford und dessen Nachfolger Freiherr von Werneck sowie Friedrich Ludwig Sckell.

1777 erlischt die Wittelsbacher Herrscherlinie. Durch den Hausvertrag von Pavia fällt das Erbe an Karl Theodor von Pfalz-Sulzbach mit der Bedingung, München zu seiner Residenz zu machen. Er bricht noch in derselben Nacht auf.

Karl Theodor steht einerseits in der Tradition der barocken Fürsten; seinen illegitimen Lieblingssohn Karl August, den späteren Fürsten von Bretzenheim, macht er zum Großprior des von ihm gegründeten und 1782 vom Ordenskapitel bestätigten deutschen Malteserordenspriorats – sozusagen der katholische Bruderorden der Johanniter. Andererseits ist seine Regierung wie auch seine Spiritualität geprägt vom Liberalismus des aufklärerischen Aufbruchs und des humanistischen Gedankenguts. Erst in den letzten Regierungsjahren vollzieht er in seiner Einstellung eine reaktionäre Gegenbewegung. 1790 verbietet er alle geheimen Gesellschaften wie Freimaurer, Rosenkreuzer und vor allem die radikale Freimaurerloge der Illuminaten. Graf Rumford, selbst Freimaurer, fällt in Ungnade und flieht nach Frankreich.

Friedrich Ludwig Sckell mit seinem von ihm entworfenen »Zeichenstock«.

Graf Rumford (1753–1814), der bürgerlicher Abstammung war und trotz seiner Freimaurerschaft und als gebürtiger Amerikaner in Amerika an der Seite der Engländer kämpfte, hieß ursprünglich Benjamin Thompson, wurde in späteren Jahren geadelt und bekam so den – freilich besitzfreien – Titel eines Grafen von Rumford verliehen. Er setzte sich beim neuen König Karl Theodor maßgeblich für die Schaffung einer zunächst als Militärgarten konzipierten Grünanlage ein. Nach dem Verbot des Illuminatenordens versuchte er seinen Einfluss beim König geltend zu machen, um diesen umzustimmen, worauf er selbst in Ungnade fiel. Sein Nachfolger wurde Reinhard Freiherr von Werneck (1757–1842), der ab 1778 bis zu seinem Tode die leitende Funktion der Ausstattung des Englischen Gartens innehatte und in dieser Rolle auch den Kleinhesseloher See schuf. Doch zuvor wurde auch ihm am 14. Juni 1797 der Eid abgenommen, nicht den Illuminaten anzugehören. Dabei gibt auch von Werneck zu, Mitglied der Freimaurer gewesen zu sein, räumt aber ein, schon zwölf Jahre zuvor in Linz aus der Loge ausgetreten zu sein. Ein Porträt von ihm, entstanden Anfang des 19. Jahrhunderts, zeigt ihn mit dem Malteserkreuz an der Brust.

Auch Friedrich Ludwig Sckell schließlich wird 1808 geadelt und so zum Ritter des Civil-Verdienstordens der bayerischen Krone. Das Sckell-Denkmal im Herzogsgarten zu Landshut beschreibt ihn als einen »Schüler und Nacheiferer der Natur, der gütigen Mutter aller Dinge«.

Was Lenné in späteren Jahren für die Hohenzollern werden sollte, war Sckell für den bayerischen Adel. Doch im Gegensatz zu Lenné scheint Sckell um die Geheimnisse der geomantischen Gestaltung gewusst zu haben. So beschreibt er in seinen »Beiträgen zur bildenden Gartenkunst für angehende Gartenkünstler und Gartenliebhaber« sehr genau die seelischen Qualitäten der Pflanzen, ihre Zuordnungen zu planetaren Götterprinzipien, den Bau und Einsatz von Staffagen sowie vor allem den Umgang mit den vitalenergetischen Kräften der Erde. Berge und Hügel waren für Sckell die »Kraftformen der Natur«, die die tote Ebene mit Impulsen der Lebenskräfte erfüllten.

Als »radiästhetisches« oder besser »rhabdomantisches« Instrument entwickelte Sckell einen 5 bis 6 Fuß langen Stab mit 1,5 Zoll Durchmesser, den er mit einer eisernen Spitze versah. Mit diesem Stab ausgestattet und in aufrechter Haltung, wanderte er über das Land und spürte den Kräfteflüssen der Landschaft nach. Er schreibt: »in dieser aufrechten Haltung, mit dem vorwärts nach der bestehenden Localität (...) hingerichtetem Blicke, folget er dann mit starken Schritten der schönen Wellenlinie nach, die ihm seine geübte Einbildungskraft vorbildet, und gleichsam vor ihm herschweben lässt.« Sckell wendet somit eine Wahrnehmungstechnik, bestehend aus aufrechter Haltung, Visualisation und Radiästhesie an, um die ätherischen Kräfte des Ortes zu erkennen.

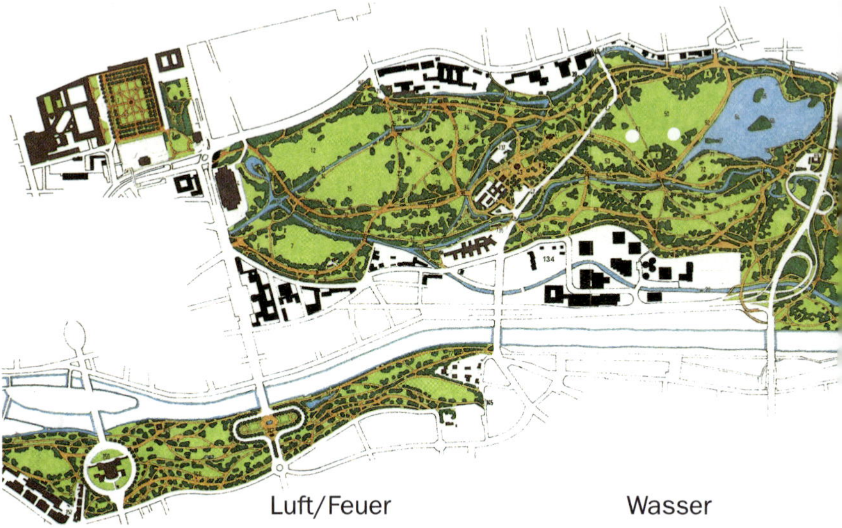

Zentraler Fokuspunkt des Englischen Gartens in München, mit heute 372 Hektaren eine der größten Parkanlagen Europas, ist der zehn Jahre nach Skells Tod verwirklichte, auf einem künstlichen Hügel gelegene und mit einem Spiralweg versehene Tempel, »Monopteros« (»Einflügler«) genannt. Von diesem noch heute beliebten Treffpunkt berichtet eine Legende, einstmals habe eine Fee in dem etwas weiter nördlich gelegenen chinesischen Turm gelebt, doch seit dieser zu baufällig geworden sei, sei sie zum Monopteros umgezogen. Radiästhetisch erkennen wir hier zunächst nicht viel. Der Tempel scheint lediglich auf eine Globalgitternetzkreuzung im Zentrum ausgerichtet zu sein. Doch wurden Zahl, Form und Abstände der Säulen durch den Baumeister Leo von Klenze so gewählt, dass ein frequenzspezifischer Resonanzkorpus entsteht, der einen einstrahlenden Punkt mit Jupiterqualität erzeugt und dadurch eine künstliche Axis Mundi entstehen lässt. Diese »Jupiterqualität«, die sich durch Aktivität, Freude und Lebenslust auszeichnet, strahlt über die Antennenfiguration des Bauwerks auf den gesamten südlichen Teil des Englischen Gartens aus. Dies schlägt sich im Verhalten der Parkbesucher nieder: Hier im Südteil des Parks wird musiziert, Menschen liegen nackt in der Sonne, Drehleierspieler und Eisverkäufer stehen an Sommertagen an jeder Ecke, und alles unterstellt sich wie auf Geheiß dem Prinzip »Lebenslust«. Das Gelände ist sanft modelliert, so dass die großen Rasenflächen in sanfte

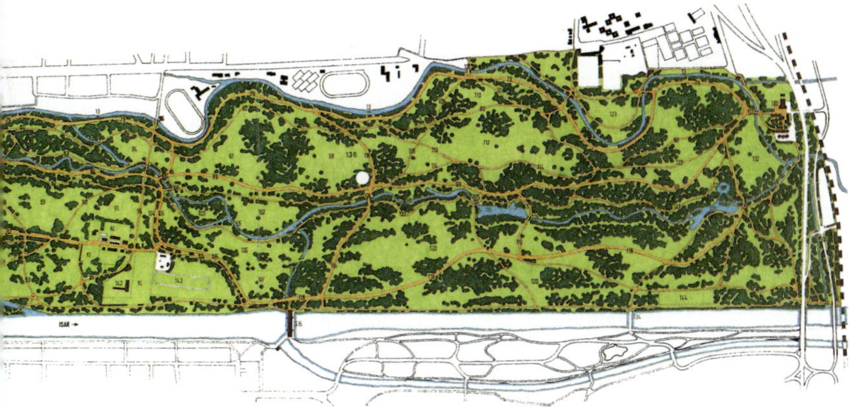

Luft/Feuer

Der Englische Garten in München und seine atmosphärischen Qualitäten.

Schwingungen kommen und dadurch die Ätherkräfte aktivieren. Alles scheint den Elementen Luft und Feuer zu entsprechen, die auch Jupiter zugeordnet sind.

Ganz anders Gestaltung und Nutzung im weiter nördlich gelegenen Mittelteil des Englischen Gartens. Hier herrscht das Prinzip des Elements Wasser. Zentrales Gestaltungselement ist der durch Freiherr von Werneck initiierte Kleinhesseloher See, der die ätherische Kraft des Wassers zum Tragen bringt. Die angrenzende große Wiese wurde im Gegensatz zum Südteil nicht in Wellen, sondern als leichte Senke oder Wanne geformt, was zur Folge hat, dass die wässrigen Ätherkräfte des Sees die kaum vorhandene Uferböschung überfließen und diese Wanne füllen.

Dem Element Wasser entspricht im Menschen die Emotion bzw. im engeren Sinne Romantik und Melancholie. Dementsprechend diente dieser Parkbereich während Jahrzehnten der ruhigen Emotion: die Besucher lagen still auf Decken, lasen und zeigten kaum körperliche Aktivität. Als in den letzten Jahren Baumverluste Neuanpflanzungen erforderten, wählte man ungeschickterweise Säulenpappeln, die diesem Kräfteverhältnis entgegenlaufen. Die Pappel bindet das wässrige Element sehr stark und zieht über ihre Form feurige und luftige Kräfte herein (siehe Seite 103). Dies hatte zur Folge, dass sich hier nun neue Besucheraktivitäten zeigen: Frisbee- und Fußballspiele wie im Südteil

Die Exedra im Englischen Garten in München bildet einen Einstrahlpunkt in ihrer Mitte.

nehmen immer stärker zu. Daraus ist zu erkennen, dass die Pflege historischer Parkanlagen auch ein gutes Gespür für die geomantischen Grundlagen einer Anlage erfordert.

Der dritte, nördlichste Teil des Englischen Gartens schließlich kann ganz dem Element Erde zugeordnet werden. Die Pflanzung ist dicht und waldartig, der (saturnische) Nadelbaumbestand nimmt zu, und beobachtet man die Menschen, stellt man fest, dass ihr Schritt fester, stabiler zu werden scheint und ihr Blick aus der Horinzontalen meist zu Boden gelenkt wird.

Zum Abschluss sei noch einmal der Blick auf ein geomantisches Detail gelenkt: Östlich des Monopteros befindet sich auf einer von Bächen eingefassten Halbinsel eine römische Rundbank, eine so genannte Exedra. Sie wurde von Leo von Klenze an jenem Ort errichtet, an dem zuvor ein hölzerner Apollotempel gestanden hatte und der ursprünglich von Ludwig Sckell als Standort eines Steintempels vorgesehen war. Sckell selbst war nicht zufrieden mit der Ausführung des Apollotempels, doch bekräftigte er in Hinblick auf die geomantische Qualität, dass »das Local für einen Tempel gut gewählet worden ist«. Hier begegnet uns wieder ein schon bekanntes geomantisches Gestaltungsprinzip: die Bank steht in einen Bachmäander. Dadurch entsteht ein offener Schwingkreis mit starker Fokussierung der Mitte. Der Zentralbau des früheren Tempels und der späteren Bank verstärkt diesen Effekt noch. Hinter der halbrunden Bank wurden – hier geomantisch korrekt – Pappeln gepflanzt, die eine starke Vertikale erzeugen. Mäander, Rundbank und Pflanzung schaffen eine energetische Axis Mundi.

Park Oppenweiler und die Umgestaltung des Nymphenburger Schlossparks

Friedrich Ludwig von Sckell lag viel daran, den Genius eines Ortes zu erfassen und in seinen Gestaltungen zu berücksichtigen. Deshalb arbeitete er mehr in der freien Natur als auf dem Reißbrett. Dennoch sind auch bei ihm rationale Bezüge in der Gestaltung wie harmonikale Prinzipien ablesbar. In Oppenweiler, östlich von Stuttgart, schuf er eine Parkanlage, die ganz nach harmonikalen Prinzipien aufgebaut ist.

Wie Christoph Valentin und Peter Weymann in ihrem Artikel »Verborgene Achsen« (April 1990) schildern, wurden die Hauptelemente des Parks vollständig durch die harmonikalen Berechnungen Sckells bestimmt. Der 1790 bis 1798 von Sckell entwickelte Schlosspark entstand im Zusammenhang mit einem oktogonalen Schlossneubau an Stelle eines alten Wasserschlosses. Wie bei Sckell üblich treffen die Wege des Parks an Kreuzungen meist im spitzen Winkel aufeinander, was eine bessere Ätherführung bewirkt. Entscheidend für die harmonikale Planung Sckells aber sind die Verhältnisse der gestalterischen Hauptelemente des Parks, See, Schlossinsel, kleine Insel sowie Tannenhügel, zueinander. So lässt sich der See mit einem Rechteck umschreiben, das die Maßverhältnisse 2:3 besitzt. Die Umschreibung der Schlossinsel dagegen ergibt ein Quadrat. Die Mitte des oktogonalen Schlosses wiederum teilt die Seiten des Seerechtecks im Quint- bzw im Oktavverhältnis. Verbindet man die Mitte der kleinen Insel mit dem Schlossmittelpunkt, so teilt diese Verbindung die kürzere Seite des Seerechtecks im Verhältnis 3:5, also in der Näherung zum goldenen Schnitt. Schließlich wurde der räumlich und geomantisch bedeutsame Tannenhügel von Sckell so gesetzt, dass er genauso weit vom Schloss

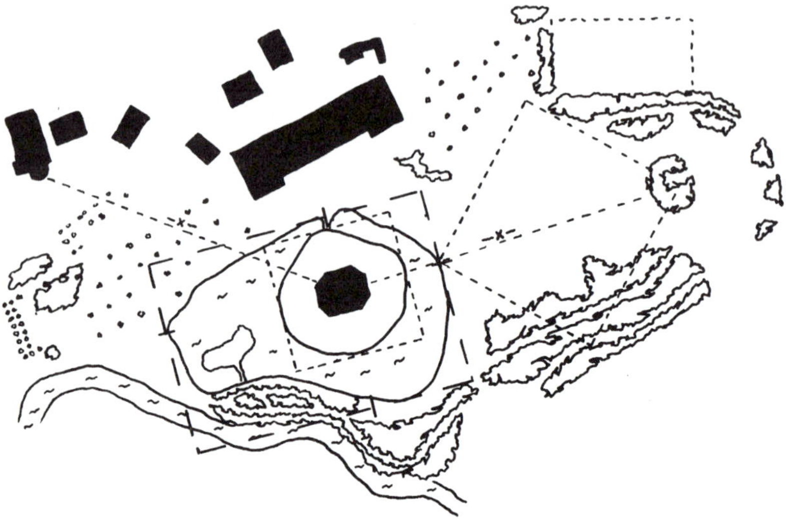

Die proportionalen Verhältnisse des Schlossparks Weikersheim nach C. Valentin und P. Weymann.

Der Apollotempel im Nymphenburger Schlosspark.

entfernt ist wie dieses von der Kirche. Freilich schuf Sckell diese Bezüge nicht in geometrischer Sturheit, sondern in der Form natürlicher Gestaltungen im englischen Stil.

Auch in München setzte er sich mit der Geometrie der barocken Anlage Nymphenburgs auseinander. Ab 1804 wurde der französische Garten im Stil eines englischen Landschaftsgartens umgestaltet, noch bevor Sckell sich dem Englischen Garten zuwandte. Sckell ließ dabei die Gestaltungen seiner Vorgänger rund um das Schloss unangetastet. Die starke Yang-Betonung des absolutistisch-barocken Gartenteils suchte er jedoch durch die Verstärkung des Wasserelements und die gezielte Gestaltung von Yin-Plätzen zu harmonisieren.

Ein Beispiel ist die Panstatue im südlichen Parkareal. Sckell wählte die Figur als Ausdruck der der Natur innewohnenden Geistigkeit. Sie wurde über einen kleinen künstlichen Wasserlauf gesetzt und so energetisch angeregt. Durch die Präsenz des Wassers verstärkt sich die entsprechende Ätherkraft am Ort. Hinzu kommt die Umpflanzung der Figur mit Eiben, die starke Erd-Äther-Felder aufbauen (siehe Seite 103). Erde und Wasser als die beiden Yin-Elemente erzeugen so ein Feld, das den Naturkräften – symbolisiert durch Pan – als zentraler Fokus dient, um so die Parkanlage in eine Balance zu bringen.

Die beiden auf das Schloss zuführenden Hauptalleen ließ Sckell als Durchblicke bestehen. In ihnen sind Ätherlinien von solarer Qualität feststellbar. Die südlich verlaufende Linie kreuzt bei der Badenburg den neu geschaffenen See und speichert ihre solare Qualität im Wasser. Hier schuf Sckell ein Inselchen, auf dem ein Tempel stehen sollte. Es war wiederum Leo von Klenze, der später an derselben Stelle einen steinernen Apollotempel erbaute, der (ähnlich dem Monopteros im Englischen Garten) mittels Formresonanz und durch die Umspülung mit dem »solar« aufgeladenen Wasser (Schwingkreisprinzip) in seinem Inneren eine Axis Mundi aufbaut. Aufgrund dieser Gestaltung werden hier Boviswerte in der Höhe von 18 500 Boviseinheiten messbar. So ist der Apollotempel zu einem vor allem zum Zweck der Inspiration gerne besuchten »Kraftort« geworden.

Goethe und der Park an der Ilm

Johann Wolfgang Goethe, der 1780 einer Weimarer Freimaurerloge beigetreten war, war der Naturmystik ebenso verbunden wie der Erforschung geistiger Gesetzmäßigkeiten. Er schrieb über die Wünschelrute: »Nur in der fühlenden Hand bewegt sich das magische Reis

...« und bewies damit seine Kenntnis im Umgang mit diesem Instrument. 1776 schenkte ihm Herzog Carl August im Park an der Ilm in Weimar ein Haus mit dazugehörigem Grund. Hier hielt Goethe seit seinem Beitritt zur Loge Freimaurersitzungen ab; davon zeugt auch das so genannte Musivische Pflaster (ein Schachbrettmuster) im Haus. Die Loge, der Goethe beigetreten war, folgte dem Ritus der »Strikten Observanz«, einem in den deutschsprachigen Staaten des 18. und 19. Jahrhunderts beobachteten Ritus. Dieser beginnt zu rituellen Zwecken die Jahreszählung mit der Gründung des Templerordens(!), also 1118 n. Chr., im so genannten Anno ordinis. Die Weimarer Loge war folglich eine in Templergraden organisierte Freimaurerloge.

Am Eingangstor zum Goetheschen Garten erkennt man ein magisches Pentagramm, das mit der Spitze dem Besucher entgegengerichtet ist und somit eine starke, prüfende Schwelle aufbaut.

Unweit des Hauses steht ein bemerkenswerter Baum, der von Goethe auf einem sehr stark Kräfte zehrenden Platz gepflanzt wurde. Dies ist an seinem Wuchsverhalten erkennbar, denn der Baum wächst über mehrere Meter horizontal am Boden entlang, bis er sich endlich aufrichtet, um senkrecht dem Licht entgegenzustreben. Hatte der Naturphilosoph, Radiästhet und Pflanzenkenner Goethe sich in der Platzwahl geirrt? Wohl kaum, denn durch die Pflanzung des Baumes auf der für ihn so unangenehmen Stelle wird die abziehende Kraft des Platzes gedämpft und so für den Menschen harmonisiert.

Das Pentagramm am Eingang zu Goethes Garten im Park an der Ilm/Weimar.

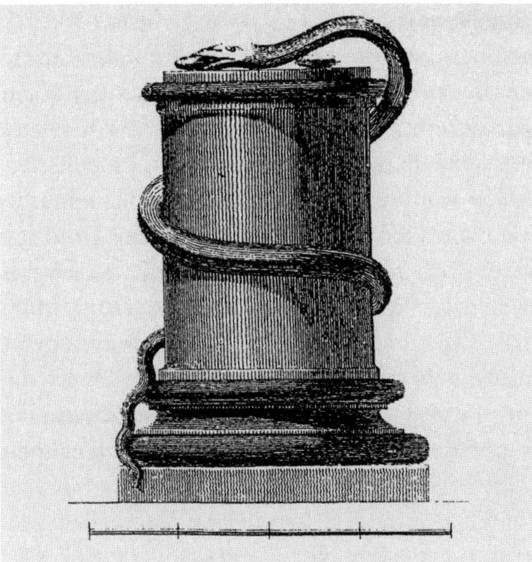

Der Schlangenstein.

An mehreren Stellen im Park wirkte Goethe selbst gestalterisch mit. Bemerkenswert ist der so genannte Schlangenstein. Er zeigt eine sich an einer Säule (Axis Mundi) emporwindende Schlange. Das Denkmal wurde von Goethe mit den Worten versehen: »Genius huius loci« – dem Geist dieses Ortes gewidmet. Und wirklich wird die der Natur innewohnende Geistkraft an diesem Ort besonders gut erfahrbar. Ein echter Omphalos. Goethe selbst gestand ein, dass der Freimaurer von Hirschfeld sein Interesse für die Gartenkunst geweckt habe. In »Das Luisenfest« schildert der Dichter die Anfänge des Parks: Ausgangspunkt der Gestaltung war eine in einem Ehrenoval errichtete Einsiedelei. An dieses »Idyll« schlossen sich unter Aufsicht des Dichters alle weiteren Anlagen an. Zuvor war der Garten im alten, französischen Stil gehalten gewesen. Auch dieser musste bereits geomantische Beziehungen aufgewiesen haben, denn Goethe schreibt: »es fanden sich daselbst uralteralt geradlinige Gänge und Anlagen ...« (Jubiläumsausgabe XXV: 225). Es ist zu vermuten, dass Goethe die Bezeichnung »uralt« wörtlich meint, denn der französische Stil des Barock lag gerade eben einhundert Jahre zurück. Der Gleichklang mit Alfred Watkins' »straight old tracks«, den »Leys«, ist nicht zu überhören.

Auch die Gestaltung des so genannten Tempelherrenhauses mag eine symbolische Anspielung auf die viel zitierten spirituellen Wurzeln der Freimaurerei darstellen.

Zurück nach Potsdam – Sanssouci

Die Geschichte Sanssoucis begann, als 1744 Friedrich der Große am so genannten Wüsten Berg vor den Stadttoren Potsdams einen Weinberg anlegen ließ. Von der obersten Terrasse des Weinbergs hatte man einen weiten Ausblick tief in die Havellandschaft hinein. Das Schloss Sanssouci – wörtlich »ohne Sorge« – wurde in den Jahren 1745–1747 nach den Plänen von Georg Wenzeslaus von Knobelsdorff (1699–1753) erbaut. Knobelsdorff war bis zu seinem Tod der bevorzugte Baumeister Friedrichs des Großen und ebenso verantwortlich für die Gestaltung des Parks, obwohl Friedrich II. – ganz im Sinne der Hohenzollern – es sich nicht nehmen ließ, bis ins kleinste Detail die Entscheidungen bei der Gestaltung zu treffen. Dem König diente die Sommerresidenz weniger zur Repräsentation denn vielmehr als »privat-intime Einsiedelei«. Mit Friedrich dem Großen wurde der Niedergang des johannitischen Einflusses auf das preußische Königshaus besiegelt. Friedrich war belegtermaßen Freimaurer. Er und seine Nachkommen, Friedrich Wilhelm II. und III., vertraten in den folgenden hundert Jahren die freimaurerischen Ideale des Humanismus und der individuellen Freiheit in Preußen. Friedrich Wilhelm der III. ging – entgegen den adeligen Gepflogenheiten – sogar dazu über, seine Frau mit einem vertrauten »Du« anzureden.

Nur aus dem Verständnis des esoterischen Weltbildes der Freimaurerei heraus ist die Parkanlage von Sanssouci letztlich zu verstehen, denn der Garten wurde als zentrales Paradies- und Schöpfungssymbol gestaltet – als kabbalistischer Lebensbaum!

Das Schloss zeigt verblüffende Parallelen zur chinesischen Philosophie, die weit über den Einsatz von Staffagen wie dem Drachenhaus oder dem chinesischen Teehaus hinausgehen: Wie nach den Regeln des Feng Shui, der chinesischen Geomantie, wurde das Schloss nach Süden ausgerichtet. Die pragmatische Erklärung dafür ist üblicherweise, dass Friedrich eine optimale Ausnutzung der Sonnenwärme für seine Weinterrasse im Auge hatte, was sicherlich seine Berechtigung hat, doch nicht der Hauptgrund gewesen sein dürfte. Im Süden vor dem Schloss wurde ein großes Bassin errichtet, das dem »Ming Tang« des Feng Shui entspricht (siehe auch Seite 144) und unter anderem die Aufgabe hat, das Qi, die Lebenskraft des Südens, zu speichern.

Die Rückseite des Schlosses wird vom kegelförmigen Ruinenberg geschützt. Der Berg übernimmt damit, wie der so genannte Kohlehügel in der verbotenen Stadt in Peking, die Funktion der »schwarzen Schildkröte«, wie es in der Terminologie des Feng Shui heißt und weiter unten (Seite 159f.) näher ausgeführt wird. Die Versorgung des Schlosses mit der ätherischen Lebenskraft Qi war damit aufs beste sichergestellt. Der Ruinenberg nimmt in diesem Versorgungssystem eine zentrale Rolle ein. Radiästhetische Mutungen der Ätherströme nach der Systematik von Hans-Jörg Müller ergaben einen breiten Strom an Lebenskräften, die vom Berge herabströmend auf die Mitte des Schlosses treffen. Ebenso wie in China der zentrale Kaiserthron erhöht gesetzt wurde, damit das Qi nicht frontal auf ihn traf, sorgt hier die natürliche Senke zwischen Ruinenberg und Schloss dafür, dass die ungebändigte Kraft des Qi-Flusses gemildert wird. Eine kleine Fontäne auf der Nordseite des Gebäudes impulsiert – wie im Tiergarten in Kleve – diesen Kraftfluss und leitet ihn weiter zum Schloss. Auch die geomantisch-radiästhetische Untersuchung der Parkanlage nach westlichen Regeln brachte Erstaunliches zutage: Der Ruinenberg mit seiner beinah perfekten Kegelform stellt ein Landschaftszentrum (geomantischer Mittelpunkt) dar. Ein großer Einstrahlpunkt verleiht ihm die Funktion einer heiligen Mitte, eines Omphalos. Hier wurde ein großes Wasserbecken errichtet, das dazu dienen sollte, die Fontänen des Parks zu speisen. In dieser rein technisch erscheinenden Installation spiegelt sich zugleich ein fast genial zu nennender geomantischer Kniff, der an die Gestaltung Nymphenburgs erinnert. Das Wasser besitzt die Eigenschaft, ätherische Kräfte sehr gut zu binden. So wird in diesem Bassin der Einstrahlpunkt, die Axis Mundi, gefasst und seine Qualität (Frequenz) auf das Wasser übertragen. Dieses Wasser sollte dann durch unsichtbare Leitungen in die zentrale Achse der Parkanlage geführt werden, um die dortigen Fontänen zu speisen. Leider reichte in der Regel die Wassermenge im Bassin nicht aus. Erst Friedrich Wilhelm IV. konnte dem durch die Errichtung einer mit Dampfkraft betriebenen Pumpe abhelfen. Mit dem Wasser aber wurde auch die geistige Qualität des Landschaftszentrums, also des geomantischen Mittelpunkts, in die Hauptachse übertragen.

Es erscheint etwas sonderbar, dass die zentrale Achse des Parks quer zum Schloss angelegt wurde. Dieser Sachverhalt lässt sich vielleicht dadurch erklären, dass hier eine Leylinie entlangführt und so die Allee zu einer sakralen Linie werden lässt. Es handelt sich sogar um ein System mehrerer paralleler Linien, die größtenteils durch Achsen und Durchblicke gestalterisch aufgegriffen wurden. Die in die Leylinie der Hauptachse eingespeiste, an das Wasser gebundene Energie und geis-

Die Musen am »Musenstern« in Saussouci. Jede der Statuten weist auf einen anderen Weg.

tige Information führt dazu, dass durch die aufstrebende Kraft der Fontänen überall Einstrahlpunkte entstehen, die wie Chakren entlang dem Rückgrat diese Plätze zu Energiezentren werden lassen. Diese »Energiezentren« wiederum dienen dem symbolischen Aufbau des Parks als kabbalistischem Lebensbaum zur geistig-energetischen Aktivierung.

Der kabbalistische Lebensbaum kennt zehn geistige Prinzipien, »Welten« oder »Sephirot«, die mit bestimmten archetypischen Kräften (Engeln oder Gotteskräften) bezeichnet werden. Die zentralen Plätze und Gebäude der Parkanlage wurden so gesetzt, dass sie diesen Aspekten (Sephirot) entsprechen.

Beginnen wir im Osten am Eingang des Parks: Die Sephira Nummer 10 wird »Malkut« genannt, sie bezeichnet die Kräfte der materiell-physischen Ebene der Natur. Zentraler Bezugspunkt ist der Obelisk und das dazugehörige Portal. Dem Thema entsprechend bezieht sich der bildhauerische Schmuck auf die Kräfte der Natur: Flora, die Blumengöttin, und Pomona, die Göttin der Gartenfrüchte, verweisen auf diesen Aspekt.

Durchschreitet man das Portal entlang der Hauptachse, wird man wenige Schritte weiter zum Oranienrondell des holländischen Gartens

gelenkt. Es bezeichnet die Stelle, an der die Sephira Nummer 9, »Jesod«, verankert wurde. Jesod beschreibt die hinter der Natur wirkenden Kräfte, das »Fundament aller Dinge«. Acht Wege gehen strahlenförmig von hier aus. Auf den Postamenten standen ursprünglich Marmorbüsten von Angehörigen des Hauses Oranien, das mit den Hohenzollern verwandtschaftlich verbunden war.

Bleibt man auf der Hauptachse, so ist der nächste Punkt das große Fontänenrondell. Es bezeichnet keine eigene Sephira, dafür aber einen wichtigen Kreuzweg, eine Schwelle von den geistigen Ebenen zur Welt der Elemente: Die zwölf Plastiken im weiten Rund des Rondells weisen auf die vier Elemente Wasser, Feuer, Erde, Luft sowie die olympischen Götter Venus, Merkur, Apollo, Diana, Juno, Jupiter, Mars und Minerva hin. Auch in dieser Fontäne, dem »Ming Tang« des Schlosses, befindet sich ein Einstrahlpunkt. Die Abmessungen des Rondells mit den halbrunden Bänken wurden dabei so gewählt, dass die dort sitzenden Personen in optimaler Resonanz mit der einstrahlenden Qualität stehen.

Die Sephira 8, »Hod«, liegt dem Schlossbau gegenüber und wird durch die Verwaltung Friedrichs II. zum Ausdruck gebracht. Sie steht für die Lebensaspekte Ehre, Ruhm und Pracht. Sanssouci selbst dagegen bezeichnet den Platz der Sephira »Nizah« (»Der Sieg«).

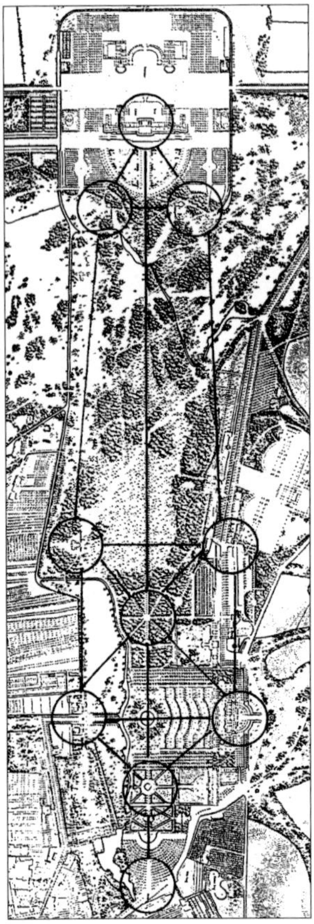

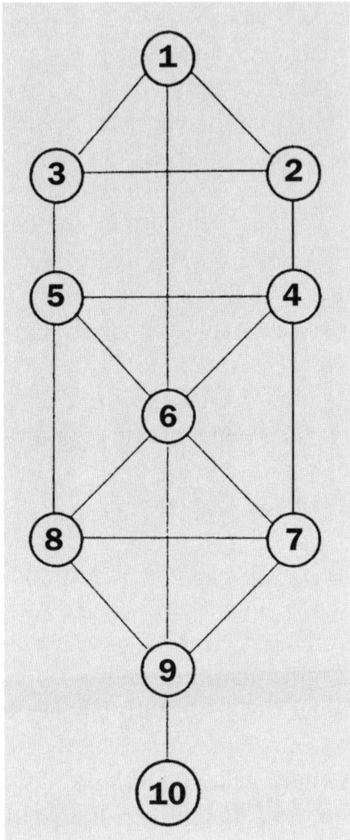

1. *Kether*	*Höchste Krone, anfänglicher Wille*	*Neues Palais mit preussischer Königskrone*
2. *Hochmah*	*Weisheit, Same aller Dinge*	*Antikentempel nach dem Vorbild des Pantheon in Rom*
3. *Binah*	*Intelligenz, obere Matrix*	*Freundschaftstempel*
4. *Hesed*	*Barmherzigkeit, Liebe, Güte*	*Orangerie*
5. *Geburah*	*Gerechtigkeit, Strenge*	*Chinesisches Teehaus*
6. *Tiphareth*	*Schönheit, zur eigenen Mitte, zur Entscheidung gelangen*	*Musenstern mit 8 Wagen*
7. *Nizah*	*Sieg, beständige Dauer*	*Schloss Sanssouci*
8. *Hod*	*Ehre, Ruhm, Majestät*	*Verwaltung Friedrich II.*
9. *Jesod*	*Fundament aller Dinge, hinter der Natur wirkende Kräfte*	*Oranienrondell*
10. *Malkut*	*Königreich, materiell-physische Ebene der Natur*	*Obelisk, Obeliskportal mit Darstellungen von Flora und Pomona*

Von diesen beiden Sephirot und dem Fontänenrondell führen Wege und Blickbeziehungen zum so genannten Musenstern. Dieser Platz hat eine interessante Eigenschaft: Die Besucher des Parks werden hier offensichtlich urplötzlich von ihrem eingeschlagenen Weg abgebracht; sie halten inne, blicken nach links und rechts und entscheiden sich dann für einen der acht abstrahlenden Wege. Die Gestaltung dieses »Platzes der Entscheidung« macht deutlich, dass dieser Effekt gewollt war: Von keinem Punkt des Platzes aus kann man die Endpunkte aller acht Wege zugleich sehen. Zudem weisen die hier aufgestellten Musen kaum sichtbar jede mit einem Finger auf einen anderen Weg. Der Musenstern repräsentiert treffend die Sephira »Tiphareth« (»Schönheit«), eine weitere Sephira der Schwelle, die verlangt, zur eigenen Mitte, zur eigenen Entscheidung zu gelangen.

Sephira 5 ist »Geburah«, die Gerechtigkeit. Der Platz wird vom chinesischen Teehaus eingenommen. Am Giebel des Pavillons erkennen wir die Figur eines sitzenden Chinesen mit Merkurstab, um den sich zwei Schlangen winden und der zu Gericht zu sitzen scheint. Die Wuchsformen der Bäume weisen auf viel unterirdisches Wasser hin. Und wirklich steht das Teehaus wie das beschriebene Schloss Lustheim (siehe Seite 29) in einem Wasseradermäander, der in seinem Zentrum eine vertikale Energiesäule bildet – repräsentiert durch die aufwärts strebenden Schlangen.

Sephira 4, »Hesed«, die Barmherzigkeit, wird von der Orangerie eingenommen und gibt den Blick frei auf die Achse des Belvedere.

Der Chinese auf dem Teehaus in Sanssouci. Die aufwärts strebenden Schlangen sind Symbol der hier wahrzunehmenden Axis Mundi.

Die Sephirot 3 und 2 (»Binah« und »Hochmah«), die von zwei Tempelchen kurz vor dem Ehrenhof des Neuen Palais eingenommen werden, beschreiben die Lebensaspekte Intelligenz und Weisheit. Der Freundschaftstempel (»Intelligenz«) war dem Andenken der Lieblingsschwester Friedrich II., Wilhelmine, gewidmet; sein Gegenstück, der antike Tempel (»Weisheit«) ahmt in seiner äußeren Gestalt das Pantheon in Rom nach und beherbergte ursprünglich antike Statuen. Seit 1921 dient der Tempel als Mausoleum der kaiserlichen Familie.
Die Sephira »Kether«, die »Krone«, schließlich wird vom prächtigen Neuen Palais eingenommen, das in einer Bauzeit von nur sechs Jahren entstand. Die mächtige Kuppel trägt dem dargestellten Lebensbereich entsprechend die preußische Königskrone. So spiegelt sich im Park von Sanssouci die ganze Schöpfung im Symbol des Lebensbaums wieder.

Der Neue Garten Friedrich Wilhelms II.

Noch eine zweite Anlage in der Potsdamer Gartenlandschaft wurde maßgeblich von der Weltsicht der Logen bestimmt. Friedrich Wilhelm II. (1741–1797) war bekennender Rosenkreuzer. Dieser im 15. Jahrhundert entstandene, auf den mythischen Gründer Christian Rosenkreuz zurückgehende Geheimbund, breitete sich ab dem 17. Jahrhundert insbesondere in Deutschland aus, wo seine esoterische Lehre von den protestantischen Fürsten gefördert wurde, um sie als Propagandainstrument gegen das Papsttum einsetzen zu können. Die Rosenkreuzer verkündeten den baldigen Anbruch einer neuen Ära des Paradieses – des »goldenen Zeitalters«, in dem alle gesellschaftlichen und politischen Institutionen neu geschaffen würden.

Als Zeichen und Symbol der Urmutter Natur und der Unsterblichkeit des Ordens ließ Friedrich Wilhelm II. im Neuen Garten am Heiligen See inmitten eines Wäldchens von Weymuthskiefern eine Statue der Isis errichten. Sie spielte in vielen Riten der Rosenkreuzerbewegung eine Rolle. Von den einst kreisförmig um die Figur angeordneten Kanopen (ägyptische Urnengefäße) ist heute keine mehr vorhanden. Man kann daher über eine geomantische Wirkung dieser Installation nur spekulieren.

Friedrich Wilhelm II. war nicht nur Rosenkreuzer, er schuf in späteren Jahren gar eine eigene Loge nach »ägyptischem Vorbild«. Vermutlich diente die neue Gartenanlage dieser seiner Loge als zeremonieller Rahmen, denn die Häufung ägyptischer Symbole im Garten ist auffallend. Zentrales Gestaltungselement des zwischen Heiligem

Pyramide im Neuen Garten.

See, Jungfernsee und Pfingstberg gelegenen, im ersten Jahr seiner Regierungszeit (1786) geschaffenen Neuen Gartens ist das als Sommerschloss ausgestattete, 1787 bis 1791 errichtete quadratische Marmorpalais, das seine zylindrische Kuppel mit Fenstern in die vier Himmelsrichtungen öffnet. Symbol der Axis Mundi und Mitte der Welt. Hier, in dieser heiligen Mitte am Heiligen See, starb Friedrich Wilhelm II. am 17. November 1797. Baumeister des Marmorpalais war C.F. Gontard, der sich bereits unter Friedrich II. am Neuen Palais im Park Sanssouci Verdienste erworben hatte.

Durch Blickbeziehungen zu den Parkanlagen von Sacrow, der Pfaueninsel, Nikolskoe, Glienicke und Babelsberg ordnete Lenné später den Neuen Garten in seinen landschaftlichen Verschönerungsplan ein. Die Staffagen des Parks sind stark esoterisch geprägt. Als Versammlungsort für Logenzusammenkünfte diente die in den Neunzigerjahren fertiggestellte, von zwei Sphinxen bewachte Orangerie. Auch der so genannte Eiskeller verweist auf die esoterische Denkweise der Loge, das Verborgene hinter dem Verborgenen hinter dem Offensichtlichen zu suchen: Eine Pyramide mit astrologischen Symbolen über dem Eingang diente als scheinbar verborgener Eiskeller, der wiederum Einweihungszeremonien der Loge als angebrachter Rahmen diente.

Hermann Fürst Pückler-Muskau

Hermann Fürst Pückler-Muskau (1785–1871), eine ebenso bemerkenswerte wie mysteriöse Persönlichkeit, prägte wie Sckell und Lenné den Stil des englischen Landschaftsgartens in Deutschland entscheidend mit. Als Sohn des Reichsgrafen Pückler-Branitz und der Gräfin Callenberg-Muskau geboren, widmete er sich mit ganzem Einsatz der Gartenkunst, vor allem seinem geliebten Muskauer Park. Wegen der enormen dazu benötigten Geldsummen kam er immer wieder in Bedrängnis und entschied sich schließlich sogar – obwohl er seine Frau, die er immer noch zärtlich »Schnucke« nannte und sehr liebte –, sich scheiden zu lassen, um erneut vermögend einheiraten zu können.

Es ist schwierig zu beurteilen, ob Pückler Freimaurer war oder nicht. Brieflich wie familiär verkehrte und korrespondierte er sowohl mit Freimaurern und Illuminaten als auch vor allem mit Johannitern – allen voran dem Großmeister und Prinzen Carl von Hohenzollern, dem er sogar sein Buch »Andeutungen über Landschaftsgärtnerei« widmete. Seine sehr freigeistigen Meinungen, die er in vielen veröffentlichten Briefen darlegt, sowie besonders das Pseudonym »Verstorbener« (in den »Briefen eines Verstorbenen«) weisen ihn zumindest in die geistige Nähe der Logen. Denn bei einem freimaurerischen Ritus durchlief man einen symbolisch-rituellen Tod, aus dem man als vollwertiges Logenmitglied wiedergeboren wurde. So ist sein Pseudonym sicherlich nicht nur ein Mittel, um als Autor ungenannt zu bleiben.

Pückler war bekennender Saint-Simonist (nach Claude Henry de Saint-Simon, 1760–1825, der die Philosophie Voltaires und Rousseaus fortsetzte) und zugleich Ritter des Ludwigsordens.

Pückler setzte sich intensiv mit dem Wirken des Geistigen in der Natur und mit mythischer Geografie auseinander. So schreibt er: »als etwas Seltsames fiel es mir auf, dass die großen transparenten Seen in China, zugleich die Umrisse wahrhaft chinesische Fratzen darstellen, ganz ihren grotesken Götterbildern ähnlich. U. a. erschien der größte, ohne allen effort der Einbildungskraft, als das leibhaftigste Bild eines fliegenden Drachen, wie deren so häufig auf den chinesischen Vasen und auf dem Brustlatz der Mandarine abgebildet sind« (Briefe eines Verstorbenen, Bd. 2, 1991: 622).

Der Naturmystiker suchte stets das Numinose eines Ortes zu erfassen. »Lektüre und Nachdenken haben mich gelehrt, Gott nicht mehr als außer der Natur stehend, aber auch nicht als eine bewusstlose Kraft zu denken, sondern als die höchste geistige Intelligenz, wie die höchste Liebe alles durchdringend, in allem wohnend, dessen Körper sozusagen die Welt, dessen Geist und Seele ist« (Arnim 1981: 162). So waren Gartengestaltung und Gottesdienst für ihn eins. Wenn man überhaupt die Grundsätze des religiösen Freigeistes bestimmen kann, dann in seinen drei selbst formulierten Glaubenssätzen: »Erstens: dass das Göttliche ist als Grund und Träger des Alls. Zweitens: dass ich selbst existiere. Drittens: dass jedes geistige Wesen die Verpflichtung hat, sich dem Göttlichen möglichst zu nähern« (Rippl 1995: 20), und dies tat Pückler in seinen Gestaltungen. So kommt Hermann Graf von Arnim auch in seiner Beschreibung Pücklers zu dem Schluss: »unter dem Dreigestirn der großen Landschaftskünstler des 19. Jahrhunderts ist Pückler der einzige, der uns einen Blick in die Tiefe des Religiösen tun lässt, aus der er den geistigen Stoff für seine Landschaftsgestaltung entnimmt« (Arnim 1981: 162).

Bevor er in Bad Muskau mit seinen Gestaltungen begann, studierte er die seelischen Qualitäten des Landes aufs Genaueste. Er wählte als Ausgangspunkt für die Anlage den »die ganze Gegend beherrschenden Berg« und hob die Legendenbildung um diesen Ort hervor. Muskau war, wie Pückler selbst beschreibt, in der heidnischen Zeit der Sorben bereits eine heilige Stätte und ein berühmter Wallfahrtsort gewesen, an dem vier Göttertempel in Eichenhainen gestanden haben sollen. Vor allem der »Gott der Götter« Swantewit (»das heilige Licht, das heilige Feuer«) wurde hier verehrt. Mehrere Opferplätze waren wohl zu Zeiten Pücklers noch sichtbar und wurden von ihm in seine Planungen einbezogen. »An einem inhaltsschweren Ort« auf der Höhe des Oberparks als Blickpunkt in der großen Achse im Osten plant Pückler nach Entwürfen des befreundeten Architekten Schinkel eine Begräbniskapelle der Familie. Einen hier vorgefundenen Weihealtar mit Symbolen Zeutibers und Swantewits bezieht er in den Vorhof mit ein. Er soll »die Stelle des Drachen vertreten« (Landschaftsgärtnerei 1988: 237), wie Pückler sehr offen schreibt. Hinter dem Hochaltar, am Ende eines versteckten Ganges, sollte gar eine Apollostatue stehen, denn »alle Religionen haben etwas Göttliches« (ebda. 238).

Als »Schlussstein« der Muskauer Parkanlage plante Pückler auf einem einzeln stehenden Hügel im Mittelpunkt des Parks als Omphalos den nie verwirklichten »Tempel der Beharrlichkeit«, der die Büste des Freimaurers König Friedrich Wilhelm III. beherbergen sollte.

Die Arbeiten der Geomantieforscherin Elvira Recke in Bad Muskau belegen den tiefen Bezug Pücklers zur geistigen Gestaltung eines Ortes. So wird etwa berichtet, Pückler habe bei freiem Galopp auf seinem Pferd sitzend, seinen Verstand ausschaltend und ganz auf seine Intuition und den Instinkt des Tieres vertrauend, mit Speeren die Orte markiert, an denen er später Pflanzungen vornehmen wollte.

Andererseits pflanzt er Bäume auch sehr bewusst: meist in Dreier-Solitär-Gruppen. Dabei stehen zwei Bäume stets enger, der dritte etwas weiter weg, so dass ein spannungsreiches ungleichschenkliges Dreieck entsteht, dessen Seitenlängen sich dem goldenen Schnitt nähern. Wie Ludwig von Sckell verbindet er so Intuition und Wissen zu einer genialen geistdurchdrungenen Gestaltung.

Gärten der Moderne

Vom ausgehenden Mittelalter bis zum Ende des 19. Jahrhunderts lassen sich Gärten nachweisen, in denen geomantisch gestaltet wurde. Es scheint sogar so, dass das Erkennen numinoser Kräfte in der Natur und deren Gestaltung die eigentliche Triebfeder der Gartenkunst war.

Wie sieht es nun mit den Gärten der Moderne aus? Gibt es auch heute geomantisch orientierte Garten- und Landschaftsgestalter? Es gibt sie, und zwar mehr oder zumindest offensichtlicher denn je. Auf der Landesgartenschau in Amberg 1996 waren gleich zwei geomantische Gartenkonzepte vertreten: der harmonikale Garten von Stefan Killer und der geomantische Garten des Landschaftsplaner-Ehepaares Robl. Unter dem Motto »Geomantie – ein Garten als ›Licht für die Erde‹« hat der Landschaftsarchitekt Anton Robl eine Rotunde mit Sitzreihen und Quellstein geschaffen, die auf die geomantischen Voraussetzungen des Ortes ausgerichtet ist. So baute sich in der Mitte über dem Quellstein auch eine Energiesäule, eine Axis Mundi, auf. Radiästhetische Untersuchungen zeigten, dass die als Sitzgelegenheit dienende Mauer aus Kalksteinquadern auf der Resonanzzone des Wassers in der Mitte des Gartens liegt. Daher erhält man zu dem Quellstein und der mit ihm verbundenen Energiesäule auch vom Sitzplatz aus einen guten inneren Kontakt.

Der »harmonikale Garten« des Landschaftsarchitekten Stefan Killer wurde dagegen mit Lavendel und Rosen dem Hauptthema der achtem Symphonie von Franz Schubert nachempfunden. Was zunächst nur eine nette Idee schien, entpuppte sich als geomantisch hochwirksame Installation, wenn während der Gartenschau alle zehn Minuten die Tonabfolge über Lautsprecher gespielt wurde: Die Pflanzen traten sofort in Schwingung mit der Tonfolge und bildeten in Kürze ein seelisch hochgradig wirksames Energiefeld, das, auch nachdem die Töne verklungen waren, noch für einige Sekunden stehen blieb, ehe es durch die Unruhe der aufbrechenden Besucher wieder zusammenbrach.

Der Feng-Shui-Garten des Thomas Bao Shann Suen

Feng Shui ist eine Modewort geworden. Als die ersten Überlegungen zu diesem Buch liefen, gab es noch kein Feng-Shui-Buch über Gartengestaltung – heute sind es bereits fünf und es werden ständig mehr. An dieser Stelle sei daher auch ein Garten beschrieben, der durch seine Energieführung in meinen Augen ganz besonders besticht.

Im Gewerbegebiet von Husum, mitten in der flachen, eintönigen Tiefebene, umgeben von Einkaufszentren und dicht befahrenen Straßen, liegt eine Oase: ein Garten der Harmonie – der Garten des Thomas Bao Shann Suen.

Geplant und begonnen, als rings umher nur Äcker und Wiesen waren, wirkt er heute wie die ruhende Nabe eines Rades, wie eine heilige Mitte, ein Omphalos mitten in der regen Betriebsamkeit des Gewerbes. Ungewohnt und exotisch ist dieser rund 11 000 Quadratmeter große Garten für westliche Augen, denn er ist ganz in der Tradition der chinesischen Gartenkunst erbaut: mit Pagoden, Bogenbrücke und geschwungen Wegen umrahmt er das chinesische Restaurant Bambuspalast. Und wie bei den traditionellen Palastgärten Chinas folgt der Garten in seinem Aufbau der chinesischen Harmonielehre des Feng Shui.

Das Feng Shui, geboren aus der Naturbetrachtung, der Beobachtung von Feng (Wind) und Shui (Wasser), fasst die Gesetze der chinesischen Naturphilosophie und Gestaltung in ein komplexes Lehrsystem. Als einer der Ersten schrieb der Weise Yang Yun Sung im 9. Jahrhundert ein Lehrwerk des Feng Shui, das diese Gesetze beschrieb.

Der Erbauer des Gartens ist Thomas Bao Shann Suen, Professor für Ernährungswissenschaften und Speisekultur der Universität Peking, dem es hier gelungen ist, einen Kristallisationskern der chinesischen Kultur zu schaffen. Schlagartig fühlt man sich in die Gärten des Sommerpalastes nahe Peking versetzt. Das Gelände ist mit Teichen und Steingärten, Mondtor und Tempel in ein kleines Stück China verwandelt worden. Dennoch ist Thomas Suen zurückhaltend in der Erklärung der Geomantie seines Gartens, obwohl die Energien deutlich spürbar sind. Immer wieder betonte er, er sei kein Feng-Shui-Xiensheng, kein Meister der Lehre, und das Gartenwerk sei lediglich Ausdruck seiner Beobachtung und Interpretation der Natur. Viele Anfragen und Bitten, einen derartigen Garten auch in anderen Städten zu gestalten, hat er bisher abgelehnt. »Ich bin ein Maler, der sein Bild noch nicht vollendet hat«, betont er. Den Regeln des Feng Shui entsprechend steht das Portal, durch das der Besucher den Garten betritt und durch das demzufolge auch die Hauptenergie eintritt, im Südwesten, einer Richtung, die dem Trigramm Kun (Element Erde) zugeordnet wird und das nährende Prinzip beschreibt. Demzufolge ist auch das Hauptthema des Gartens die (geistige, seelische und körperliche) Ernährung. Das Restaurant – der »Bambuspalast« – dagegen wurde im Nordwesten des Geländes errichtet. Der Nordwesten repräsentiert den Himmel und die Autorität, die durch das Herrschaftssymbol des »Palastes« manifestiert wird. Im Nordosten der Anlage – der dem Trigramm Gen (Berg) zugeordnet wird – findet sich schließlich der Tempelberg sowie der zukünftige Gipfelpunkt der noch nicht abgeschlossenen Erdarbeiten. Die Gestaltung ist damit auf die den Himmelsrichtungen zugeordneten Qualitäten abgestimmt.

Die Hauptenergie betritt den Garten aus Südwesten in Form eines breiten intensiven Stroms feurigen Qis oder Äthers. Das Qi ist, wie der Sinologe Dr. Manfred Kubny bei einem Interview auf dem ersten deutschsprachigen Feng-Shui-Kongress der Schule für Geomantie Hagia Chora erklärte, ein philosophisches Konzept, das die Beziehungen der Dinge und Wesen zueinander erklärt.

Zwischen dem rein Geistigen und dem Materiellen gibt es viele Zwischenstufen, von denen einige als »Energie« oder »Qi« bezeichnet werden können. Der Energiebegriff ist hier jedoch vorsichtig zu gebrauchen: »Ich denke z.B., dass Qi keine Energie ist. Ich sehe Qi mehr als etwas, das entsteht, wenn ich mich mit dem Ganzen verbinde. Wenn ich eine bestimmte innere Ausrichtung finde, dann macht es Klick und

»Geomantie – Ein Garten, als ›Licht für die Erde‹«, Beitrag des Landschaftsarchitekten-Ehepaars Robl auf der Landesgartenschau 1996 in Amberg.

bestimmte Kanäle öffnen sich. Und das subjektive Erleben dieses Öffnens ist dann eine Art des Fließens«, so der Hagia-Chora-Dozent und Wissenschaftsautor Marco Bischof (Interview).

Der Strom des Feuer-Qis wird durch einen Steinhaufen vor dem Löwenportal gebremst, der in seinem Aufbau den so genannten Drachenrücken gleicht, Landschaftsformationen, die in China mit Pagoden besetzt werden, in Europa durch Kirchen, die meist dem heiligen Michael gewidmet sind, der die feurige Energie des Drachens bändigt (z.B. Glastonbury-Tor). Die auf diese Weise besänftigte, »harmonisierte« Energie durchdringt das Löwentor und trifft auf eine Steinstele. Hier teilt sich der Qi-Strom in zwei Richtungen und folgt den Wegen, die durch einen besonderen Pflasterbelag hervorgehoben sind: Während auf den hellen Wegen der Hauptstrom des Qi weiterfließt, bezeichnen die Wege mit dunklem Pflasterbelag die Pfade, auf denen, so Thomas Suen, »das Qi bereits eine transformierte Form angenommen hat«.

Einer der Hauptpunkte des Gartens ist die »Bogenbrücke«, die die Teiche in einer runden, harmonischen Schwingung überspannt. Viele Besucher geben sie, ohne zu zögern, als ihren Lieblingsplatz im Garten an. Sie liegt, wie Thomas Suen schildert, »im Schnittpunkt zweier Magnetbahnen«. Keine Stufe der Brücke ist gleich wie die anderen. Sie unterscheiden sich alle in Höhe und Schritttiefe. So muss der Benutzer der Brücke auf jeden seiner Schritte achten. Das Zusammenspiel von »Magnetbahnen«, Wasser und der Architektur der Brücke bewirkt Erstaunliches. »Ich habe gezittert und bin auch jetzt noch ganz zitterig, aber ich fühle mich sehr gut ... irgendwie mutig«, beschreibt eine Frau ihren Versuch, die Brücke blind zu überqueren. Auch wissenschaftlich ist die Wirkung des Ortes belegbar: Der Hautwiderstand von Testpersonen, gemessen mittels zweier in den Händen gehaltener Elektroden, zeigt in ihrem Verlauf eine äußerst ruhige und harmonische Kurve ohne große Schwankungen (maximale Schwankung um 2 Kiloohm). Diese Harmonisierung hält noch etwa 8 bis 9 Minuten nach dem

Die Bogenbrücke im Garten des Bambuspalastes liegt für Thomas Bao Shann Suen im Zentrum der Magnetbahnen.

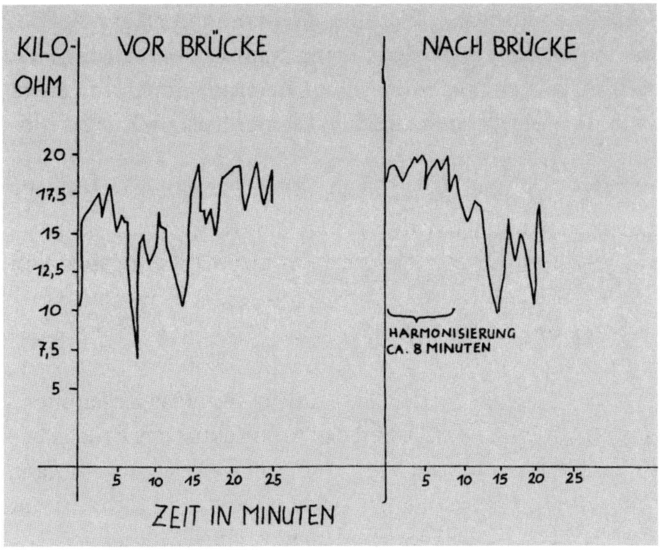

Hautwiderstandsmessung vor und nach Überschreiten der Bogenbrücke, Bambuspalast Husum.

Überschreiten der Brücke an, ehe die Schwankungen des Hautwiderstands in ihr normales Schema zurückfallen. Diese Ergebnisse sind um so erstaunlicher, wenn man die Stresssituation (Hitze, Laborsituation) der Versuchspersonen bedenkt.

Im Tempelberg kulminiert schließlich der Strom des Erd-Qis. Beim ersten Betreten überraschte mich seine (subjektiv) hohe sakrale Präsenz, die sich zugleich in einer starken Erdqualität wie auch in einer solaren Qualität ausdrückte, wie dies sonst nur bei römischen Mithras-Heiligtümern der Fall ist. Radiästhetische Mutungen mit dem Bovismeter ergaben Werte von 23 500 Bovis im Tempel und 17 000 Bovis in der darunter liegenden künstlichen Meditationshöhle – Werte, wie sie im Labyrinth der Kathedrale von Chartres auftauchen. Im Zentrum des Tempels ist eine Energiesäule wahrnehmbar, die als energetische Axis Mundi gestalterisch unbefriedigende Details wie einen Betontisch unwichtig werden lässt.

Thomas Bao Shann Suen ist mit seinem Garten ein großartiges Beispiel fernöstlicher Geomantiekunst gelungen. Er erweist sich als ein Mensch mit ausgeprägtem Holzelement (nach den fünf chinesischen Elementen) und als ein geduldiger und guter Beobachter der Natur. So ist das Einzigartige des Gartens auch, dass Thomas Suen nicht erstarrt in festgeschriebenen Feng-Shui-Regeln, sondern die Gesetzmäßigkeiten der Natur beobachtet, um kreativ ausprobierend darauf zu reagieren und schließlich den nächsten Planungsschritt zu tun. Was manchen stört – die Unfertigkeit des Gartens –, ist für Thomas Bao Shann Suen zum Lebensweg geworden. »Ich baue den Garten für mich, für meine Familie und für die Gesellschaft ... Hier können meine Kinder alles über das Leben lernen.«

DIE PRAXIS

Während der erste Teil des Buches sich mit den Motiven hinter der Gartenkunst befasste und zeigte, wie sich einzelne geomantische Installationen und Gestaltungen zu beeindruckenden Gesamtkunstwerken zusammenfügen, wenden wir uns nun den praktischen Methoden, dem Detail, zu. Vieles davon werden sie sofort in ihrem eigenen Garten in die Praxis umsetzen können, bestimmte Techniken dagegen benötigen die Hilfe eines erfahrenen Radiästheten, sofern sie nicht selbst im Umgang mit radiästhetischen Instrumenten geschult sind.

So wie die Architektur den Stein zu ihrem wichtigsten Baumaterial erkoren hat, so ist das wichtigste "Baumaterial" eines Gartens die Pflanze. Anschließend werden die Techniken im Umgang mit Steinen und Wasser beleuchtet.

Die Pflanzen

Symbolik der Pflanze

Die Pflanze – allen voran der Baum – besitzt ebenso wie Wasser und Stein eine tiefgründige archetypische Symbolik, deren Kenntnis wichtig ist, will man ihr Wesen wirklich verstehen.

Pflanzen galten seit je als Sitz der Götter und Geister. So offenbarte sich Jahwe dem Moses in einem brennenden Dornbusch, in Dodona orakelte man aus dem Rauschen einer Eiche den Willen des Zeus, und die Ägypter hielten die Sykomore für den Sitz der Götter.

Das Hauptcharakteristikum des Baumes ist seine Lebendigkeit, sein Wachsen und Vergehen. So wundert es nicht, dass der Baum nach der Bibel zu einem Lebenssymbol wurde. Eine Kruzifixdarstellung im Kloster Zwettl im Waldviertel zeigt das Kreuz mit zahlreichen Sprossen aus Eichenblättern: Das todbringende Kreuz wird in der Hand des Künstlers zu einem Baum, der Auferstehung und Leben verheißt. Auch unser Maibaum ist ein solches Lebens- und Fruchtbarkeitssymbol. Er stellt den Genius der im Frühjahr erwachenden Vegetation da. Ebenso werden Teile des Baumes zum lebensspendenden Objekt: In Böhmen ist es Brauch, dass im Frühjahr Kinder mit Weidengerten durch das Dorf ziehen, um damit junge Frauen, aber auch das Vieh zu schlagen. Man glaubte, damit übertrage sich die frühjährliche Vitalkraft der Pflanze auf Mensch und Tier. Pflanzen stellen sich in dieser Symbolik als Übermittler energetischer Kräfte dar. Und jeder, der schon einmal einige Minuten mit dem Rücken an einem Baum oder gar in einer in-

Das Kruzifix als Lebensbaum im Kloster Zwettl.

nigen Umarmung mit ihm verbracht hat, weiß, dass Bäume Kraft schenken.

Bäume sind dem Menschen ähnlich, sie sind die Könige der Pflanzenwelt und gewaltige Individuen. So gibt es viele Mythen, in denen Menschen in Bäume verwandelt werden: Philemon und Baucis, Myrrha, Daphne, die sich in einen Lorbeerbaum verwandelte, oder umgekehrt die Entstehung des Mannes aus der Esche und der Frau aus der Ulme, wie sie in der Edda beschrieben wird. Aufgrund ihrer Ähnlichkeit können Bäume für den Menschen zu wichtigen Weggefährten werden. Wie der Mensch eine lebende Axis Mundi darstellt und verschiedene Reiche »durchstößt« – mit seinem Körper im Materiellen, seinen Gefühlen im Ätherischen und Astralen und mit seinem Geist in paradiesischen Welten –, so auch der Baum.

Schon Zarathustra stellte erste Beziehungen zur geistigen Evolution der Pflanze her. So ist der Kosmos im Awesta, der Heiligen Schrift des Parsismus, als dreistufig dargestellt. Auf der obersten Stufe betätigt sich Ahura Mazda als Weltenschöpfer. Von hier aus nimmt die Evolution der Pflanze mit der Urpflanze und den Urbildern ihren Ausgang. Auf der zweiten Stufe beteiligen sich dann als ausführende Organe in drei Gruppen hierarchischer Wesenheiten: Ameshapents, Yazata und Fravashi. Sie lassen die Urbilder zunächst in einem ätherischen Bereich – dem Lichtraum, dem Paradies, den Planetensphären – heranreifen, um sie danach auf die dritte und unterste Stufe zu verpflanzen. Hier fassen sie als irdische Abbilder Wurzeln, sprossen und fangen an zu blühen und zu fruchten. Die Bhagavad Gita (15,1) spricht daher auch vom umgekehrten Baum, der mit seinen Wurzeln in der Götterwelt haftet und seine Früchte in der materiellen Objektwelt zum Tragen bringt.

Von der göttlichen Urquelle ausgehend wird die Pflanze quasi über die Urbilder (vergleiche Platons Ideenwelt, aber auch Agrippa von Nettesheim und Thomas von Aquin) bis zur Urpflanze »heruntertransformiert«. Diese Urpflanze wird von Zarathustra als Baum Hvapi bezeichnet. Aus dieser Urpflanze wachsen alle anderen Pflanzenarten. Diese Auffassung findet sich auch bei Rudolf Steiner, wenn er schreibt: »Der Typus ist flüssig und kann die mannigfaltigsten Gestaltungen annehmen. Die Zahl dieser Gestaltungen ist eine unendliche« (Grundlinien 1960).

Auf der mittleren Stufe übernehmen die »geistigen Wesenheiten« die weitere Aufgabe. Sie sind den Erzengeln vergleichbar und repräsentieren unter anderem den »Geist der Unsterblichkeit« und das »Genie der Erde«. Da sich diese hierarchischen Wesenheiten vor allem in den planetaren Sphären betätigen, wurde bisweilen hier schon eine Zuordnung vorgenommen, die auf die planetaren Kräfte der Pflanzen verweist (siehe unten).

Symbolik der einzelnen Pflanzen

Pflanzen verweisen auf göttliche Archetypen, sie lassen das Wirken bestimmter geistiger Prinzipien an sich ablesen. Vor allem im Mittelalter spielte der symbolische Gehalt der Pflanze in der Malerei, aber auch in der Gartenkunst eine große Rolle. So ziert in der Michelskirche in Bamberg die Darstellung von akribisch gezeichneten Pflanzen das Gewölbe der Kirche, dies nicht allein aus dem Wunsch der wissenschaftlichen Darstellung von Pflanzen oder als reine Zierde des Kirchenbaus, sondern vielmehr als Ausdruck der den Pflanzen zugrunde liegenden Symbolhaftigkeit. Bei genauerer Deutung der Malerei zeig sich, dass die Pflanzen den ihrer Symbolik entsprechenden Platz im

Kirchenraum erhalten haben. Die Pampelmuse (Grapefruit) etwa, deren älterer Name »Adamsapfel« war, ist im Westen des Chores angesiedelt, während die Passionsblume, die den Opfertod Christi repräsentiert, ihr gegenüberliegt. Im Deckengemälde des Chores wird so symbolisch der Weg des Menschen von Adam zu Christus wiedergegeben.

Ein Symbol aber ist nicht allein Zeichen, vielmehr ist es in seiner Vielschichtigkeit wesentlich wirksamer. Es reicht in die Ebene der archetypischen Bilder und damit auch die Welt der Bildekräfte hinein, hat damit auch eine ätherische und eine astrale Komponente, die bei der Gestaltung ebenso wirksam werden. Das heißt, über das kollektive Unbewusste und die der Symbolhaftigkeit zugrunde liegende Wirksamkeit im ätherisch-astralen Raum wird das Bild der Pflanze in der Gestaltung auch dann wirksam, wenn sich der Mensch der Symbolik der Pflanze nicht mehr bewusst ist. Die Eiche spiegelt die Donareiche und damit den Gott Thor ebenso wieder wie die Esche den Weltenbaum Yggdrasil, die Erdbeere den Christus-Impuls oder die Lilie die Reinheit Mariens.

Der Gartengestalter Friedrich Ludwig Sckell legte großen Wert auf eine korrekte Zuordnung der Symbole zur gewünschten Gestaltung: Eiche, Palmbaum und Lorbeer standen für Sieg, Kraft und Frieden; Zypresse, Ulme, Pappel und Trauerweide für Trauer und Tod; die Fichte repräsentierte in seinen Augen die Zeugungskraft der Erde, während Esche, Birke und Quitte für Liebe, Freundschaft und Glück standen. Ebenso wird bis heute im Feng Shui verfahren: So symbolisiert hier der Bambus Jugend, die Birne Langlebigkeit, der Hibiskus Fülle und die Weide Anmut.

Die folgenden Tabellen geben eine Übersicht über die Nutzung der Pflanzen in ihrem Symbolkontext in Ost und West. Es ist wichtig dabei, die Pflanzen nicht zeichenhaft zu setzen, sondern zu erkennen, dass hinter ihnen geistige Wirkprinzipien stehen, die über ihr Betrachten auch auf uns einwirken.

Am bekanntesten sind vielleicht die Wirkungen der sieben Planeten Sonne, Mond, Saturn, Venus, Merkur, Mars und Jupiter und ihre Zuordnung zu den sieben Bäumen. Schon altägyptische Tempelinventare benannten die Holzarten, aus denen man (planetare) Götterstatuen anfertigte, zum Beispiel das Götterbild des Hermes-Toth aus Ebenholz. Vermutlich zum ersten Mal werden dann im »Abraxas« sieben Holzgewächse den sieben Planeten zugeordnet: Storax dem Kronos (Saturn), Pfeffer dem Ares (Mars), Weihrauch dem Apollo (Sonne), die indische

Narde der Aphrodite (Venus), der Zimt dem Hermes (Merkur) und die Myrrhe der Selene (Mond). Die sieben Holzgewächse liefern ätherische Öle und Gummiharze.

Erst Ende des Mittelalters tauchen die sieben Bäume wieder verstärkt auf. So erschien 1472 in Padua bei Martinus »De septem arboribus« (»Die sieben Bäume«). Agrippa von Nettesheim zählt in seinen »Magischen Werken« (1533) ganze Reihen von planetaren Zuordnungen der Bäume auf. 1656 gibt dann der Arzt N. Culpeper das Werk »English Physita enlarged with 369 Medicines, made of english Herbs« heraus, in dem er ebenfalls die Bäume planetaren Prinzipien zuordnet. Weitere Zuordnungen nehmen Christian Steeb (1679), Louis Claude de Saint Martin (1775), K. von Eckartshausen (1790) u.a. vor.

Ende des 18. Jahrhunderts bricht diese Tradition weitgehend ab. Nichtsdestotrotz nimmt der Gartengestalter Friedrich Ludwig Sckell im 19. Jahrhundert diese Überlieferungslinie wieder auf, indem er Hinweise gibt, klassische Tempel, die als Staffagen im Landschaftsgarten Anwendung finden und die jeweils einem antiken Gott zugeordnet sind, mit bestimmten Bäumen zu umstellen. Die planetare Zuordnung der Bäume hat für die Gartenkunst insofern Bedeutung, als die Bäume (vielleicht auch durch die von ihnen ausgeschiedenen Stoffe, wie ätherische Öle usw.) in der Lage zu sein scheinen, ein entsprechendes »Feld« zu bereiten, das von planetarer Qualität ist. (Näher ausgeführt in meinem Buch »Die Kraft des Ortes«.)

In der geomantischen Praxis benutze ich die planetaren Zuordnungen wie folgt:

Die planetare Zuordnung der Bäume

Hauptbaum	Planet	Sekundärbäume
Ahorn	Jupiter	Pappel, Kastanie
Birke	Venus	Feige, Apfel, Platane
Buche	Saturn	Nadelbäume, Efeu, Koniferen allgemein
Eiche	Mars	Kornelkirsche, stachelige Bäume
Esche	Sonne	Walnuss, Weinstock, Lorbeer
Ulme	Merkur	Haselnuss
Weide	Mond	Kirsche

Die Linde nimmt eine Sonderrolle ein. Sie ist der klassische Baum der Mitte und findet sich so auch im Dorfzentrum (Tanzlinde). Ihre Blätter tragen die Signatur des »Organs der Mitte«, des Herzens, und ihr wird die medizinische Wirkung zugesprochen, »aus der Mitte gefallene« Organfunktionen wieder zu harmonisieren, zu »lind-ern«. Die Linde steht damit im geozentrischen Weltbild für die Erde selbst. Sie ist der Baum der Göttin Freyja, Vertreterin der Grossen Mutter Erde.

Christliche Symbolik der Pflanzen

Erdbeere	Christus, Dreifaltigkeit
Klee	Dreifaltigkeit
Akelei	Heiliger Geist
Veilchen	Maria
Gänseblümchen	Maria
Lilie (weiß)	Maria, Reinheit
Maiglöckchen	Maria
Pfingstrose	Maria
Johannisbeere	Johannes der Täufer
Johanniskraut	Johannes der Täufer
Pampelmuse, Grapefruit	Adam (alter Name = Adamsapfel)
Stechpalme	Opfertod Christi
Passionsblume	Leidensweg Christi
Schlafmohn	Tod, Opfertod
Wegerich	Rechter Weg des Glaubens
Wegwarte	Rechter Weg des Glaubens
Königskerze	Hält Böses und Blitze ab
Bittersüß	Gottgefälliges Leben
Schachbrettblume	Warnung, nicht zu viel Wert auf Äußerliches zu legen

Symbolik und Anwendungsbereiche der Pflanzen bei Friedrich L. Sckell

Pflanze	Symbolik	Anwendung
Eiche	Sieg, Kraft	
Palmbaum	Sieg, Frieden	
Lorbeer	Sieg	
Fichte	Zeugungskraft der Erde	
Zypresse	Trauer	Gedenkhallen, Gräber
Ulme	Tod	Gräber
Pappel	Trauer	Trauermale
Vogelbeere	Tod	Gräber, Felsenklüfte
Trauerweide	Trauer, Schmerz, Trennung von Sinnlichem	Grabhügel
Birke (B. pendula)	Melancholie	
Zeder	Reinlichkeit und Dauer	
Eibe	Melancholie, Einsamkeit	
Platane		Pantheon für gelehrte Männer und Helden
Esche	Liebe	
Birke	Liebe und Freundschaft	
Apfel	Erdhaftigkeit, Vollkommenheit, Schönheit	
Quitte	Glück, Liebe, Fruchtbarkeit	
Haselnuss	Schutz für Jungvermählte	
Maulbeerbaum	Tätigkeit	
Mandelbaum	Tätigkeit	

Pflanze	Symbolik	Anwendung
Pfirsich	Fruchtbarkeit	
Feige	Fruchtbarkeit	
Ölbaum	Frieden	
Wein	Eheliche Liebe, Eintracht, Fruchtbarkeit	
Efeu	Kraft, Jugend, eheliche Bande	Tempel der Freundschaft
Rose	Religion, Weiblichkeit, Liebe, Freundschaft, Tod	Altäre, Gräber
Lilie	Reinheit, Unschuld,	
Veilchen	Sittsamkeit, Hoffnung	Nähe zu Landhäusern
Vergissmeinnicht	Liebe, Freundschaft	Ufer, liebliche Bäche
Schwertlilie	Beredtsamkeit	
Tagetes	Tod	Gräber
Mohn	Tod, Schlaf, Fruchtbarkeit	
Bohne	Tod	

Der Äther

Bevor wir uns der energetischen Wirkung einzelner Pflanzen und ihrer Verwendung in der Geomantie näher zuwenden, ist es notwendig, die Idee des Äthers noch einmal näher zu betrachten. Wie zu Beginn dieses Buches geschrieben, stellt der Äther jenen feinstofflichen Aspekt des Lebens dar, der zwischen Geist und Materie steht. Dies macht ihn zum Mittler, zum merkurischen Boten, zwischen zwei Welten. Als »Bildekraft«, wie er in der Anthroposophie gerne bezeichnet wird, bestimmt er das Wirken des Geistigen in die Materie hinein und damit die Formensprache der Natur als Ausdruck innewohnender geistiger Kräfte. Als »Lebenskraft« dagegen vollzieht er den umgekehrt wirkenden »Botengang«: Die Formensprache der Natur beeinflusst hier den Äther auf spezifische Weise, so dass geistige Kräfte aus der Form heraus wirksam werden, gleichsam »verströmen«.

Die dreizehn Äthergesetze
1 Es gibt nur ein Qi.
2 Orgonomisches Potenzialgesetz.
3 Äther und Wasser binden sich wechselseitig.
4 Quarz, Jade und Holz speichern Äther.
5 Magneten beeinflussen Äther.
6 Leiter und Nichtleiter konzentrieren Äther: der Orgonakkumulator.
7 Die Form beeinflusst den Äther, der Äther die Form.
8 Der Äther folgt der Bewegung, die Bewegung dem Äther.
9 Die Energie folgt der Aufmerksamkeit, die Aufmerksamkeit der Energie.
10 Die Energie folgt der Absicht.
11 Spiegel bündeln und reflektieren Äther.
12 Äther lässt sich durch Schall fortpflanzen und vermehren.
13 Es gibt viele Äther.

Es ist hier leider nicht der Raum, näher auf alle diese Gesetzmäßigkeiten einzugehen, doch werde ich im Folgenden ständig auf sie zurückgreifen, um ihre Anwendung in der geomantischen Praxis zu erklären und zu demonstrieren. Dabei werden die beschriebenen Regeln auch noch erweitert. (Wer sich für die kulturellen und historischen sowie zum Teil praktischen Hintergründe dieser Regeln interessiert, sei auf mein Buch »Die Kraft des Ortes« verwiesen.)

Sehen wir uns zunächst die letzte, die dreizehnte Regel an. Sie scheint der ersten zu widersprechen und ist dennoch nur ihre Spezifizierung. Denn was einerseits als eine Einheit untrennbar über Raum und Zeit hinweg verbunden ist, lässt sich dennoch unter verschiedenen Blickweisen in verschiedene Teilaspekte der einen Kraft untergliedern. So kann die obige Zuordnung der Bäume zu den sieben Planeten durchaus mehr bedeuten als eine symbolische Eigenschaft der Bäume, vielmehr tritt ihre Analogie zu einem der sieben klassischen Wandelsterne uns hier als realer Kraftaspekt des Baumes entgegen.

Eine einfachere Einteilung des Äthers erfolgt nach den vier bekannten Elementen Feuer, Wasser, Erde und Luft. Wohl ist es so, dass der Äther als »Quinta Essentia«, als »fünftes Element«, bezeichnet wird und damit die vier Elemente gleichsam in sich eint und überhöht, doch kommt gerade dies in seiner Wirkeinteilung und -zuordnung zu den vier Elementen zum Tragen.

Der Äther des Elements Feuer beschreibt in seiner materienahen Wirkung eine Kraft von starker Dynamik, die als Wärme empfunden wird und vor allem nach oben strebt. Er ist daher ein Yang-Äther. In seiner geistnahen Wirkweise beeinflusst er den Willen, die Inspiration sowie die Herzenskräfte Freude, Liebe und Hass. Wir finden sein Wirken vor allem an spitzen Formen (Archetyp Dreieck).

Der Äther des Elements Wasser dagegen ist ein Yin-Äther. Seine materienahe Wirkung zeigt sich in der Wahrnehmung einer kühlen Feuchte, die in der Formensprache vor allem in welligen, wannenartigen Strukturen zu finden ist. Im Bereich des Geistig-Seelischen steht die Kraft dieses Äthers für Romantik, Melancholie und Träumerei.

Der Erdäther ist der zweite Yin-Äther. Er steht der Materie am nächsten und findet sich in seiner materiellen Wirkform vor allem bei Schwere und Druck. Er besitzt einen Drang nach unten. Im Geistigen steht er für Realitätssinn, Materialismus und Traditionssinn.

Der Äther des Elements Luft schließlich ist der zweite Yang-Äther. In seiner materiellen Form strebt er nach Bewegungsimpulsen und hat eine Tendenz nach oben. Ebenso wird er von menschlicher Aufmerksamkeit leicht bewegt. Wir nehmen ihn oft als einen Bewegungsimpuls im Körper wahr. In seinem geistigen Aspekt vertritt er vor allem das Rationale, Verstandesmäßige, die Logik oder allgemein das Denken an sich.

Da der Äther zwischen Geist und Materie steht, pendelt auch seine Wirkung stets einmal stärker zur Prägung des Materiellen, einmal zur Beeinflussung des Geistigen. Form und geistig-seelische Wirksamkeit sind über ihn verbunden.

Die energetische Qualität der Pflanzen

In der Vorstellung des Parsismus reift die Form einer Pflanze zunächst gleichsam in einem ätherischen Raum heran. Hier erhält sie die ihren geistigen Hauptwirkungen gemäße Form. So unterliegen verschiedene archetypische Bestandteile der Pflanze der speziellen Wirkung jeweils eines der vier Äther.

Die Wurzeln unterstehen mit ihrem Drang nach unten den Yin-Äthern. Der Druck des sie umgebenden Erdreiches zeigt vor allem die Wirkung des Erd-Äthers an. Hat eine Pflanze kräftige Wurzeln, sind diese stark verzweigt oder auch verdickte Knollen (Kartoffel), weist dies darauf hin, dass auch ihre eher geistige Wirksamkeit dem Element Erde untersteht. Sie bestärkt den Bezug zur materiellen Realität.

Die Blätter unterliegen der Wirkung des zweiten Yin-Äthers, dem Wasser-Äther. Je größer die Blätter, um so mehr Wasser wird benötigt. Umgekehrt wachsen Pflanzen mit großen, weichen Blättern vor allem im wässrigen Milieu, wie z. B. Auenpflanzen. Im Geistigen unterstützen diese Pflanzen vor allem die Beziehung zum Seelenhaften, zur Emotion.

Die Wirkung des Luft-Äthers zeigt sich im Stängel und vor allem in der Blüte. Er ist ein Yang-Äther. Unter seiner Einwirkung streben die Pflanzen empor – der Gravitation, dem Erdhaften entgegen. Die Blüten wenden sich der Lichtkraft zu, weshalb der Luft-Äther in der Anthroposophie auch als Licht-Äther bezeichnet wird. Pflanzen mit langen Stängeln und vor allem sehr ausgeprägten Blüten unterstehen vor allem dem Wirkprinzip des Luftigen.

Der Feuer-Äther schließlich als zweiter Yang-Äther lässt die Pflanze nach der Wärme streben. Ihm untersteht die Bildung der Früchte. Je wärmer, umso besser kann sich die Ätherkraft des Feuers in der Frucht entfalten. Fruchtpflanzen zeigen daher auch im Geistigen die Feueraspekte Wille und Sexualität.

Wurzel, Blatt, Blüte (Stängel) und Frucht sind die Verkörperungen der vier Elemente in der Pflanze. Doch noch auf eine andere, subtile Art sind die vier Elemente im Wesen der Pflanze präsent, sie bestimmen den Kräftefluss der Pflanzen. So steuert der Erd-Äther die Vermehrung, der Wasser-Äther die Stoffbildung, der Luft-Äther die Formbildung und der Feuer-Äther die Qualitätsbildung. Pflanzen mit starkem Vermehrungsdrang wie Quecke oder Hirtentäschel wirken

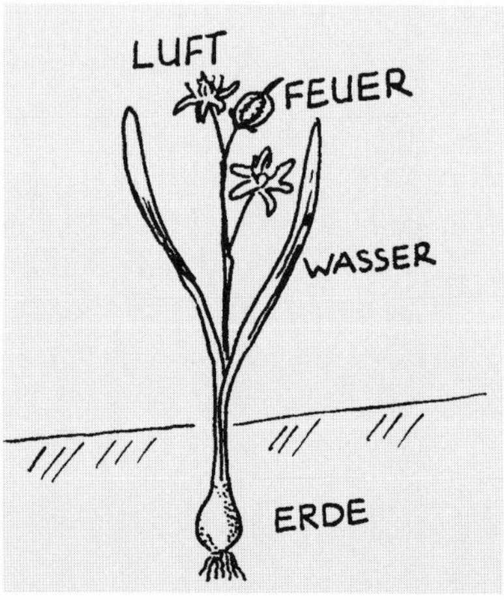

Die vier Elemente in der Pflanze.

daher im Element Erde, Pflanzen mit sehr großen Blättern und starker Massebildung im Element Wasser, Pflanzen mit sehr filigraner oder klar gezeichneter Form wirken im Luftigen und Pflanzen mit qualitativen Inhaltsstoffen (Gewürzpflanzen, Arzneipflanzen usw.) im Feurigen.

So wirken die vier Elemente natürlich nicht nur tendenziell nach Pflanzenart unterschiedlich, sondern auch nach Standort. In Senken und Tälern kann man beobachten, dass der sich hier verstärkt sammelnde Wasser-Äther vor allem die Stoffbildung (allen voran den Blattbereich) anregt. Eine Brennnessel oder ein Löwenzahn in einer kühlfeuchten Senke wird viel größer und bekommt riesige, allerdings auch ungestaltigere Blätter als dieselbe Art auf einem Berg. Hier wirken die Yang-Kräfte stärker. Eine Brennnessel wird hier viel kleiner (wenig Wasser), die Blätter werden aber viel klarer gesägt sein (Luft = Formbildung), und ihr Gift wird stärker brennen (Feuer = Qualitätsbildung). Ebenso wird der Löwenzahn hier kleinere, aber klarer gezeichnete Blätter haben.

So kann schon die Betrachtung der Pflanzen in einem Garten eine Menge darüber aussagen, wie die Ätherverteilung am betreffenden Standort ist: Neigen die Pflanzen im Allgemeinen zu starker Lebenskraft und Vitalität, zu vegetativer wie auch generativer Vermehrung, sind ihre Wurzeln stark und verzweigt, so ist dies ein Hinweis auf ein starkes Wirken des Erd-Äthers. Sind die Pflanzen dagegen »riesig«, aber unförmig, von hohem Wassergehalt und vor allem starkem Blattwuchs, so deutet dies auf ein verstärktes Wirken des Wasser-Äthers im Garten. Zeigt sich die Kraft der Pflanzen dagegen in einem filigranen Habitus, sind ihre Blätter deutlich geformt (z. B. gekerbt, gelappt oder gesägt) und ihre Blütenbildung auffällig stark, so verweist dies auf den Luft-Äther. Wachsen in Ihrem Garten auffallend aromatische Pflanzen und ist die Fruchtbildung ausgesprochen gut, so zeigt Ihnen dies die verstärkte Präsenz des Feuer-Äthers an.

Dies alles sind Hinweise auf das Wirken der vier Elemente-Äther, die sie mit ihren fünf Sinnen erfassen können. Darüber hinaus lassen sich aber auf radiästhetischem Weg mit Hilfe der Ätherradiästhesie nach Hans-Jörg Müller sehr spezifische Aussagen machen, welche Pflanzenart welche Ätherkräfte »verströmt«.

In den obigen Ausführungen zum Standort haben wir vor allem den Bildekraftaspekt des Äthers betrachtet, also den Weg aus dem Geistigen in die Formensprache der Pflanze. Natürlich ist auch der umgekehrte Weg möglich: Indem Sie Pflanzen wählen, die verstärkt einem bestimmten Elemente-Prinzip unterstehen, beeinflussen Sie die Atmosphäre und geistige Qualität Ihres Gartens. Die folgenden Tabellen geben Ihnen Hinweise auf die radiästhetisch ermittelte Wirkung verschiedener Pflanzenarten. Sie sind als ein Einblick in einen Werkstattbericht zu verstehen, und für weiterführende Anregungen bin ich stets dankbar.

Die Ätherballungen an den Pflanzen ändern sich mit der Jahreszeit, je nachdem ob der Wurzel, den Blättern, der Blüte oder der Frucht verstärkt Kräfte zufließen. Die angegebenen Zuordnungen sind daher Durchschnittswerte, meist im blühenden Zustand gemutet.

Die ätherische Kraft der Stauden

Feuer-Äther
Tendenz: Trockene Standorte, weiße, rote und v.a. gelbe Blütenfarbe

Pflanze	Standort	Blütenfarbe
Stockmalve (Alcea rosea)	lockere, sandig-steinige Böden	rosarot
Steinkraut (Alyssum saxatile)	Gebirge	gelb
Katzenpfötchen (Antennaria dioica)	Magerrasen, Heide	weiß, rosa
Gänsekresse (Arabis caucasia)	eher trocken	weiß
Grasnelke (Armeria maritima)	sandige, felsige Böden	rosa
Goldhaaraster (Aster linosyris)	Trockenrasen	gelb
Blumenbinse (Butomus umbellatus)	Sumpfpflanze	weiß
Skabiosen-Flockenblume (Centaurea scabiosa)	trocken, sonniger Kalkmagerrasen	violett
Ackerhornkraut (Cerastium arvense)	trocken, Wege	weiß
Rainfarn (Chrysanthemum vulgare)	frisch, Wildkrautfluren	gelb
Karthäusernelke (Dianthus carthus)	Kalkmagerrasen	rot
Heidenelke (Dianthus deltoides)	trockene Magerrasen	rosa
Weidenröschen (Epilobium angustifolium)	feuchte Lehmböden	rot
Wasserdost (Eupatorium cannabinum)	Auenwälder, Ufer	rosa
Zypressenwolfsmilch	Magerrasen	gelb
Sonnenröschen (Helianthemum nummularium)	sonnige Kalkmagerrasen	gelb

Pflanze	Standort	Blütenfarbe
Hufeisenklee (Hippokrepis comosa)	sonnige Kalkmagerrasen	gelb
Johanniskraut (Hypericum perfloratum)	Magerrasen, Wege, Böschungen	gelb
Vierflügeliges Johanniskraut (Hypericum tetrapterum)	Ufer, Bäche, Gräben	gelb
Duftsteinrich (Lobularia maritima)	trockene Steingärten	weiß
Hornklee (Lotus corniculatus)	Fettwiesen, Kalkmager-rasen	gelb
Rosenmalve (Malva alcea)	sonnige Krautfluren	rosarot
Dorniger Hauhechel (Ononis spinosa)	sonnige Kalkmager-rasen	rosarot
Gänsefingerkraut (Potentilla anserina)	Wege, Hecken, frische Böden	gelb
Sandfingerkraut (Potentilla cinerea)	sonniger Magerrasen	gelb
Blutwurz (Potentilla erecta)	Magerrasen, Heiden	gelb
Kriechendes Fingerkraut (Potentilla reptans)	Feuchtwiesen, Wege	gelb
Scharfer Mauerpfeffer (Sedum acre)	Pionierrasen	gelb
Weißer Mauerpfeffer (Sedum album)	Pioniergesellschaft	weiß
Tripmadam (Sedum reflexum)	Pioniergesellschaft	gelb
Berggamander (Teucrium montanum)	sonnige Kalkmagerrasen	blassgelb

Luft-Äther

Tendenz: Pflanzen mit filigranem Habitus, Gräser, weiße bis rosa Blütenfarbe

Hügelmeister (Asperula cynanchica)	Kalkmagerrasen	rosa
Färber-Meister (Asperula tinctoria)	Kiefern-, Eichenwälder	weiß
Zittergras (Brizza media)	magere Wiesen	
Ackerglockenblume (Campanula rapunculoides)	Eichen- und Kiefern-wälder	blau
Blaugrüne Segge (Carax flacca)	Nass, kalkig	
Niedrige Segge (Carax humilis)	trocken, Steppenrasen	
Echter Kümmel (Carum carvi)	frisch, Fettwiesen	weiß

Pflanze	Standort	Blütenfarbe
Bunte Kronwicke (Coronilla varia)	trocken bis frisch	hellrosa, lila
Sandnelke (Dianthus arenarius)	Trockenrasen	weiß
Fingerhut (Digitalis grandiflora)	frisch, Staudenfluren	hellgelb
Feld-Mannstreu (Eryngium campestre)	sonnige Kalkmagerrasen	weiß-grünlich
Knolliges Mädesüß (Filipendula vulgaris)	trockene Kalkmager-rasen	weiß, rötlich
Echtes Labkraut (Galium verum)	trockene Rasen, Heiden	gelb
Sandglöckchen (Jasione laevis)	Böschungen, Wegraine	blau
Schillergras (Koeleria glauca)	Sandrasen, trocken	
Klebriger Lain (Linum viscosum)	Halbtrockenrasen	rosa
Mondviole, Silberling (Lunaria annua)	tiefgründige, durchlässige Böden	violett
Kuckuckslichtnelke (Lychnis flos-cuculi)	Sumpf-, Moorwiesen	rosa
Moschusmalve (Malva moschata)	sonnige Wiesen	rosa
Wimperperlgras (Melica ciliata)	Steinschuttfluren	weiß
Milchstern (Ornithogalum umbellatum)	Weinberge und Parkrasen	weiß
Felsennelke (Petrorhagia saxifraga)	Fels- und Trockenrasen	rosa-weiß
Spitzwegerich (Plantago lanceolata)	Weiden, Wiesen, nährstoffreich	bräunlich
Großer Wegerich (Plantago major)	Trittrasen, Wege, Lehmböden	gelblich-weiß
Mittlerer Wegerich (Plantago media)	Halbtrockenrasen, Lehmböden	weißlich
Aufgeblasenes Leimkraut (Silene vulgaris)	Steinschuttfluren	weiß
Großer Ehrenpreis (Veronica teucrium)	Weg- und Waldränder	blau
Lavendel (Lavandula angustifolia)	Kulturpflanze	blau

Wasser-Äther

Tendenz: Feuchtigkeitsliebende Pflanzen, große Blätter, Lamiaceae, Arzneipflanzen

Pflanze	Standort	Blütenfarbe
Frauenmantel (Alchemilla vulgaris)	Fett- und Nasswiesen	grün-gelblich
Wasserdost (Eupatorium cannabinum)	lichte Auwälder, feucht	rosa
Andorn (Marrubium vulgare)	Wege, Schuttstellen	weiß
Rossminze (Matha longifolia)	Nasswiesen	lila-rosa
Katzenminze (Nepeta cataria)	Krautfluren, Wege, trocken	weiß
Dost (Origanum vulgare)	Magerrasen	rosa-lila
Pestwurz (Petasites hybridus)	Bachläufe, Nasswiesen	blass-purpur
Große Schlüsselblume (Primula elatior)	feuchte Wiesen	gelb
Echte Schlüsselblume (Primula veris)	Halbtrockenrasen	gelb
Ziest (Stachys officinalis)	Magerwiesen, frisch bis feucht	purpur-rosa
Beinwell (Symphytum officinale)	nass, Moorwiesen	violett-rosa
Trollblume (Trollius europaeus)	moorige Wiesen	gelb
Faden-Ehrenpreis (Veronica filiformis)	frische Fettwiesen, Parkrasen	weißlich-blau
Echte Kamille (Matricaria chamomilla)	Ruderalfluren, Wege, Felder	weiß/gelb

Erd-Äther

Tendenz: Eher selten bei krautigen Pflanzen. Trittbelastbare Pflanzen auf lehmigen bis tonigen Böden. Bei den Bäumen v.a. die Eibe.

Grasnelke (Armeria maritima)	tonige Böden	hellrosa
Spitzwegerich (Plantago lanceolata)	Wiesen, Weiden, Lehmböden	bräunlich
Großer Wegerich (Plantago major)	Trittrasen, Wege, Lehmböden	gelblich-weiß
Mittlerer Wegerich (Plantago media)	Halbtrockenrasen, Lehmböden	weißlich
Rose (Rosa spp.) (in geringem Maße)	Kulturpflanze	v.a. rot (weiß)

Die Kraft der Bäume

Bäume sind die Könige im Pflanzenreich. In Psychologie und Religionssymbolik wird der Baum stets als ein menschengleiches Wesen dargestellt. Deshalb verdient er im Pflanzenreich eine gesonderte Betrachtung. Wie bereits gesagt, stellt der Baum in den Religionen der Welt mit der ihm zugrunde liegenden Symbolik die Weltenachse, die »Axis Mundi« dar. Sei es nun der »umgekehrte Baum« der Bhagavadgita, das Kruzifix als Lebensbaum oder die germanische Weltenesche Yggdrasil. An dieser springt das Eichhörnchen »Ratatöskr« als Bote auf und nieder und wirkt so als Vermittler zwischen geistiger und materieller Welt – ein bildhaftes Symbol des Äthers. Mit seinen Zweigen im Himmlisch-Geistigen, mit seinen Wurzeln im Erdhaft-Materiellen stellt jeder Baum eine Weltenachse dar. Permanent kommt es zum Austausch der Yin- und Yangkräfte (so wie das Eichhörnchen Ratatöskr ständig am Stamm auf und nieder saust, um Nachrichten auszutauschen). Bäume nehmen über ihre Blätter Licht- und Wärmekräfte (Luft und Feuer) auf und leiten sie über das Chlorophyll und den Saftstrom des Baumes den Wurzeln zu. So wird aus dem Kosmischen neue Materie gebildet. Umgekehrt zieht der Baum aus dem Erdhaften Wasser und Materie (Nährstoffe) nach oben zu den Zweigen und Blättern, wo ein

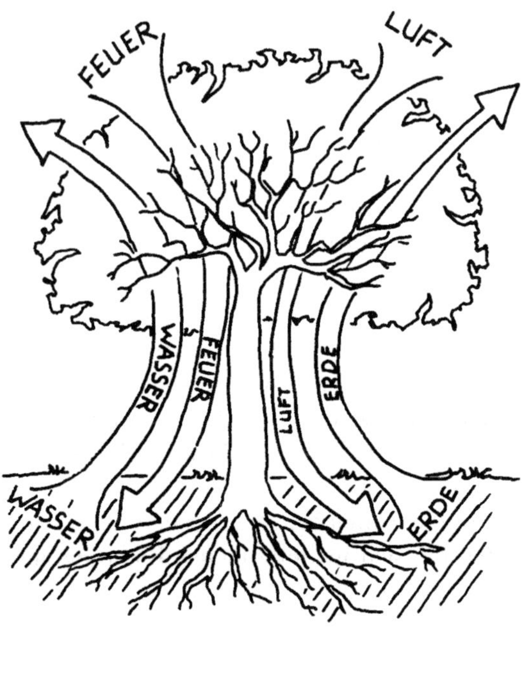

Der Baum als Ätherpumpe.

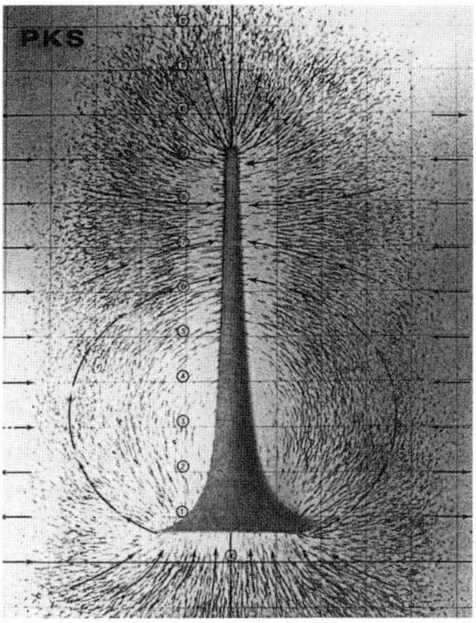

Das Feldmuster eines Magneten mit Hyperbelkegelgestalt. Aus: Callum Coats, »Naturenergien«, Omega Verlag.

Teil dessen in die Luft übergeht. Diesen Austausch der Yin- und Yangkräfte könnte man mit einer Pumpe vergleichen: der Baum als Ätherpumpe (siehe Abbildung). Verbrauchte Kräfte werden gleichsam gereinigt, indem sie dem Gegenpol zugeführt werden. Daher haben Bäume auch auf der energetischen Ebene eine große Bedeutung für die atmosphärische Reinigung. Sie reinigen die Luft von den »Miasmen«, wie man sie im 18. Jahrhundert nannte. In baumlosen Gegenden mit starker Menschendichte wie in Städten sind die Menschen ständig mit ihren eigenen verbrauchten Ätherkräften konfrontiert. Die Folge dieser »negativen Spiegelung« können Frustration, Aggressionen, Depression und Gewalt sein. Interessanterweise kam der berühmte Forscher Viktor Schauberger zu einer ähnlichen Erkenntnis über das »Pumpverhalten« der Bäume auf bioenergetischer Ebene. Callum Coats beschreibt in seinem Werk über den österreichischen Naturforscher das Flussverhalten der ätherischen Kräfte am Baum wie folgt: »Die Entladung dieser immateriellen Energieform ist an den Wechsel zwischen Tag und Nacht gekoppelt. Bei diesem lebendigen Pulsieren, dem Ein- und Ausatmen der Erde, ist die Entladung tagsüber nach oben gerichtet, nachts dagegen verläuft sie in Abwärtsrichtung. Bei denjenigen Energien, die der Baum seitlich in seinem Stamm absorbiert, handelt es sich um die weiblichen, fructigenen Kräfte und belebten, animierten Ströme, die sich in horizontaler Richtung ausbreiten. Sie sind direkt über und unter der Erdoberfläche am intensivsten. (...) Im Zusammenspiel mit den der Sonne innewohnenden Keimkräften wird ihre bis dahin waagrecht verlaufende Ausbreitungsrichtung in die Vertikale umgelenkt« (Coats 1999: 312).

Hinzu kommt, dass der Stammaufbau eines Baumes sich aus dielektrischen, isolierenden Schichten zusammensetzt, die das positiv geladene Xylem (aufsteigende, nährstoffreiche Flüssigkeit) von dem negativ geladenen Phloem (absteigende, gasreiche Flüssigkeit) trennt. So entsteht eine Art Biokondensator oder »biologischer Orgonakkumulator«. Walter Schauberger, dem Sohn des oben erwähnten Naturforschers, ist es gelungen, diese sich aufbauende »Lebensladung« in der Tat durch ein Experiment zu messen. Mit Hilfe eines Multiplexgalvanometers und zweier isolierter Metallsonden in Kernholz und Kambium des Baumes konnte eine Spannung nachgewiesen werden, die ausreichte, um ein Blitzlicht zum Aufleuchten zu bringen.

Bemerkenswerterweise gleicht – auch darauf weist Callum Coats in seinem Buch hin – die Stammform eines Baumes einem Hyperbelkegel. Gibt man einem Stabmagneten eine solche Hyperbelkegelgestalt, verteilen sich auf einer Glasplatte ausgestreute Eisenspäne auf charakteristische Weise um den Stab: Es entsteht das energetische Bild eines Baumes (siehe Abbildung Seite 99).

Yin und Yang – die beiden Pole des Lebens

Wie wir gesehen haben, stellen Bäume auf der energetischen Ebene wahre Kraftpumpen und ätherische Reiniger dar. Sie bringen die Yin- und die Yangkräfte des Lebens zum Austausch. Doch wie schon zuvor bei der Pflanze im Allgemeinen beschrieben, können Bäume in einer differenzierteren Betrachtung im Einzelnen durchaus stärker dem Wirken des einen oder des anderen Pols zugeordnet werden. Wir erkennen das Wirken der Yin- und der Yangkraft im Habitus (der Wuchsform) des Baumes ebenso wie in seinem bevorzugten Standort.

In der Yinkraft verbergen sich die materiellen, irdischen, dunklen, feuchten Kräfte, die Kräfte der Gravitation. Sie stehen auch beim Menschen für Introvertiertheit, Materialismus, Realitätssinn und Körperhaftigkeit. Die Yangkraft dagegen stellt die kosmischen, geistigen, hellen, warmen Kräfte dar, die Kräfte der Levitation. Im Menschen verwirklichen sie sich in Extrovertiertheit, Spiritualität, Visionen und Geistigkeit. Man kann davon ausgehen, dass Bäume, die verstärkt einem der beiden Pole zugeordnet werden können, auch auf den Menschen die Wirkung des entsprechenden Kräftepols ausüben.

Betrachten wir die Erde als ein lebendiges Wesen, das durch seine Gestalt die jeweils wirksamen Kräfte ausdrückt, so erkennen wir auch hier Yin- und Yangregionen: Je näher wir dem Äquator kommen und in je geringerer Höhe wir wandern, umso weniger energiereich, »weicher« wird das Licht. Es überwiegen die niederfrequenten Infrarotanteile des Lichts. Die Kräfte der Levitation (Yang) nehmen ab. Die Atmosphäre wird dichter, der Luftdruck steigt, die Gravitation nimmt zu (Yin). Umgekehrt verhält es sich, wenn wir uns den Polen und höher gelegenen Regionen zuwenden: Das Licht wird hochfrequenter, hochenergetischer, »härter«. Die blauen bis ultravioletten Anteile überwiegen. Die Kräfte der Levitation nehmen zu (Yang). Gleichzeitig nimmt der atmosphärische Druck, die Gravitationskraft ab (Yin).

Die Bäume reagieren auf dieses Yin-Yang-Verhältnis des Erdkörpers durch ihre Wuchsform und ihre Holzstruktur: Ja näher ein Baum am Yangpol der Erde lebt (hohe Breitengrade, große Höhen), umso stärker unterliegt er der Levitationskraft. Er schießt geradlinig in die Höhe und bildet kaum waagrechte Triebe. Seine Vitalität, seine durchschnittliche Lebensdauer nimmt ab. Je härter das Licht wird, umso weicher wird auch das Holz des schnellwüchsigen Baumes. Aber gleichzeitig muss er sich durch eine dicke, raue Borke vor den starken Yangkräften schützen. Hier leben die schlanken, schnellwüchsigen, emporstrebenden, relativ kurzlebigen, zur Einstämmigkeit neigenden Licht- und Weichholzarten wie Kiefer, Fichte oder Tanne.

Umgekehrt verhält es sich mit Baumarten, die bevorzugt in Yinregionen der Erde (niedrige Breiten und Höhen) leben. Hier unterliegen die Bäume viel stärker der Gravitationskraft. Sie sind gedrungener, runder, bilden viele seitwärts und horizontal strebende Äste. Ihre Vitalität und damit ihre Lebensdauer nehmen zu, und da das Licht »weicher« wird, wird das Holz härter, die Rinde glatt und dünn. Hier leben die gedrungenen, langsamwüchsigen, langlebigen, zur Mehrstämmigkeit neigenden Schatten- und Hartholzarten wie Buche, Eiche oder Ulme.

Natürlich handelt es sich hier um Grundtendenzen mit vielen Zwischenformen. Dennoch heißt dies für die Gartengestaltung: Je stärker ich Bäume einsetze, die der Yinkraft unterliegen, umso mehr stärke ich Vitalität, Bodenständigkeit, Körperlichkeit. Je mehr Yangbäume ich pflanze, umso mehr stärke ich Geistigkeit, Inspiration und visionäre Utopien. Die nachfolgende Tabelle gibt eine Übersicht über die Zuordnung der Bäume zum Yin- oder Yangpol.

Zuordnung der Bäume zum Yin- und Yangpol nach Habitus und Holzhärte

YANG

Fichte
Tanne
Lärche
Kiefer
Birke
Esche
Ahorn
Ulme
Linde
Kastanie
Buche
Eiche
Buxbaum
Eibe

YIN

Von der Zwei zur Vier

Feuer und Luft sind die Vertreter des Yangpols unter den Elementen, Wasser und Erde die Vertreter des Yinpols. Ausgehend von den Polen kommen wir zu einer Viererеinteilung, und auch hier kann man die Bäume je nach Wuchsform einem der vier Elemente zuordnen. Wiederum bedeutet dies einerseits, dass die entsprechenden Bäume natürlich bevorzugt im Milieu ihres Elements wachsen, andererseits aber schafft sich der Baum durch die Prägung seines Umfelds mittels seiner bioenergetischen Kräfte auch das entsprechende Äthermilieu. Dies bedeutet für die gärtnerische Praxis, dass die Pflanzung des jeweiligen »Elemente-Baumes« das bestehende Ätherverhältnis des Ortes zugunsten des Elementes des Baumes verschiebt.

Kennen wir nun eine Art Hierarchie in der Zuordnung der vier Elemente zum Yin- und Yangpol, können wir zugleich die Bäume den vier Elementen zuordnen. Im Grunde wurde diese »Hierarchie« indirekt bereits verraten: Das Element Erde steht der Materie am nächsten und liegt damit in der Habitusbetrachtung des Baumes (in einer ande-

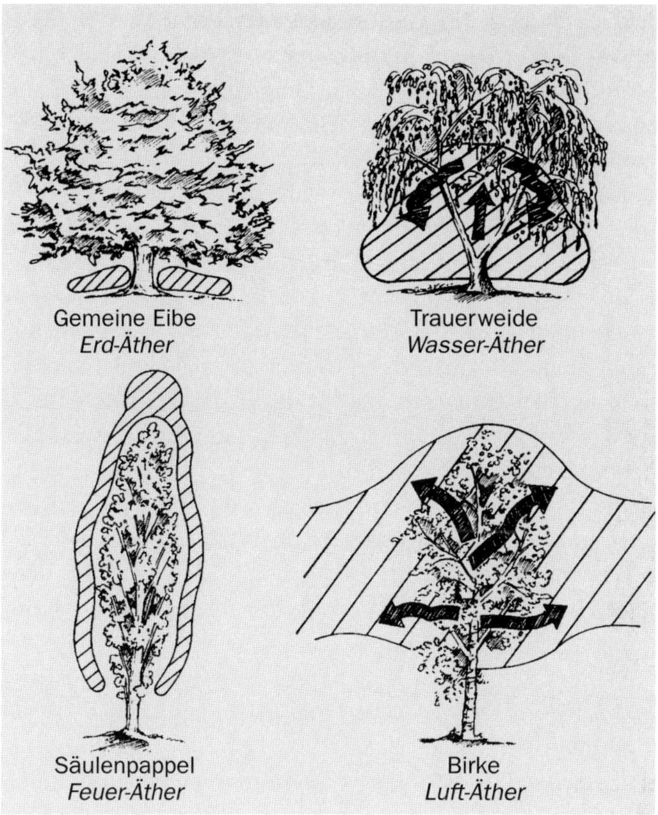

Die Äther-/Element-entwicklung der 4 Baum-typen. Aus: Stefan Brönnle, »Die Kraft des Ortes«, Falken Verlag.

ren Betrachtung kann dies wieder anders sein!) dem Yinpol am nächsten.

Die Erde ist das Element mit der geringsten Dynamik. Ihm steht das Element mit der größten Dynamik gegenüber, das Element Feuer. Das Feuer steht daher dem Yangpol am nächsten. Die beiden anderen Äther ordnen sich dazwischen, so dass es vom Yin- zum Yangpol zu folgender Reihe kommt: Erde, Wasser, Luft, Feuer.

Wie sehen nun die entsprechenden Bäume aus? Der Prototyp des »Erd-Baums« ist die Eibe (Taxus baccata). Wie wir in der Tabelle gegenüber sehen, steht sie sehr nahe am Yinpol. Es handelt sich bei ihr um einen sehr kleinen Baum, dessen Höhenwachstum durch die mangelnden Levitationskräfte sehr begrenzt ist. Er breitet sich eher in der Waagrechten aus und neigt zur Mehrstämmigkeit. Eiben waren die heiligen Grenzbäume, Bewacher der Schwelle in das Jenseits. Ihr dichtes, dunkles Nadeldach erzeugt für Personen mit starker Luftpräposition (z. B. im Horoskop) ein oft kaum auszuhaltendes Erdfeld, dass sich oftmals durch Kopfdruck bemerkbar macht. Zugleich besitzt der Baum eine ganz enorme Vitalität und kann viele hundert Jahre alt werden. Dem Habitus dieses Archetypen angenähert, wenn auch schwächer, sind Kastanie und Buche.

Der klassische »Wasser-Baum« ist die (Trauer-)Weide. Nicht nur bevorzugt sie den feuchten Standort, durch den wellig-tropfenden Wuchs ihrer Äste bildet sie gleichsam den »herabtropfenden Wasser-Äther« nach. Unter Weiden werden Emotionen angesprochen wie Trauer, Melancholie und Romantik – Ausdruck des Wasserelements.

Der Baum des Elementes Luft ist die Birke. Sie liegt bereits auf der Yanghälfte der Polaritäten. Sie ist ein Baum des Lichtes und der Poesie, der Leichtigkeit zu vermitteln weiß, ganz seinem Element entsprechend. Rendezvous unter Birken würden wohl eher zu platonischen Beziehungen führen als zu wahrer Romantik und sexueller Beziehung. Die Birke verbreitet einen sehr starken Luft-Äther in einer horizontalen Schicht um sich herum. Verwandt in ihrer Wirkung, wenn auch bereits »feuriger«, ist die Lärche.

Der Feuer-Baum schließlich ist geprägt durch eine schlanke, emporstrebende Wuchsform. Die Säulenpappel, aber auch andere »Pyramiden«-Züchtungen ebenso wie Zypressen sind Prototypen dieser Elementekraft. Napoleon ließ an den von ihm angelegten Straßen Säulenpappeln pflanzen, angeblich, um seinen Soldaten Schatten zu spenden. Doch bedenken Sie, wie wenig Schatten eine Pappel spendet! Sicherlich, er brauchte eine schnellwüchsige Baumart, aber das sind Weiden auch. Doch können Sie sich den Gang napoleonischer Soldaten unter Weiden vorstellen? Kein sehr Furcht einflößender Anblick. Ihre Gedanken wären wohl eher bei der Geliebten daheim als bei der nächsten Schlacht gewesen! Nein, die Pappel stärkt das Feuerelement und damit den Willen, die Aggression und die Dynamik der Soldaten.

Um die Elementewirkung eines Baumes zu erkennen, brauchen Sie nur zu beobachten, welchem Archetyp der Wuchs am nächsten kommt. Oder besser: Stellen Sie sich vor (oder probieren Sie es aus!), welche Wirkung ein Baum auf Sie hat, wenn Sie unter ihm oder unter mehreren davon folgende Tätigkeiten ausführen würden: marschieren (Feuer), dichten (Luft), Rendezvous (Wasser), sich abgrenzen und Schutz suchen (Erde). Bei welchem Archetyp gelingt welche Handlung am besten, und wo gibt es Schwierigkeiten?

Bei der Gartengestaltung sollten Sie sich ebenso zunächst bewusst sein, welche Funktion der vom Baum beschirmte Raum haben soll: Soll er der Kommunikation dienen (Gesprächsecke = Luft), dem dynamischen Spiel, der Freude und dem Tanz (Feuer), der romantischen, versonnenen Betrachtung und Erinnerung (Wasser), oder soll er ihnen Schutz und Geborgenheit (Erde) vermitteln?

Warum werden an Sportplätzen gerne Pappeln gesetzt? Warum sind bayerische Biergärten unter Kastanien so gemütlich? Warum setzte Friedrich Ludwig Sckell an Plätze der Erinnerung und der fühlenden Betrachtung Weiden? Und warum grenzen sich so viele Gartenbesitzer zum Nachbarn, mit dem man kaum ein Wort redet, mit Eibenhecken ab?

Nutzanwendungen der Bäume und ihre Elementezuordnung

Element	Funktion	Bäume
Erde	grenzt ab, gibt Schutz, vermittelt Geborgenheit, verleiht Vitalität, stärkt Realitätssinn (z. B. Ruheplätze, Meditationszonen)	Eibe, Kastanie, Buche, Linde
Wasser	vermittelt Melancholie und Romantik, fühlende Erinnerung, Plätze für zärtliche Begegnung, Ansprechen der Gefühlsebene (z. B. Rendezvous-Platz, Platz der Erinnerung)	Weide, Hängebuche, Trauerbirke
Luft	regt Gedanken an, Poesie, Klarheit im Denken, Logik, Weitblick, Verstand (z. B. Schulen, Lehrgebäude)	Birke, Lärche, Birne, Espe
Feuer	bringt Dynamik, stärkt Extrovertiertheit, starke (körperliche) Bewegungsimpulse, Zielorientiertheit, Beschleunigung, Inspiration (z. B. gerade Alleen, Sportplätze; in Maßen bei Meditationsplatz, religiöser Erfahrungsplatz)	Säulenformen: Pappel, Zypresse, Nadelbäume einzeln (wenn nicht das Dunkel überwiegt)

Bedenken Sie: Jeder Baum hat seine sehr leicht wahrnehmbare energetische Qualität. Es ist nicht gleichgültig, wohin wir welchen Baum setzen! Im Englischen Garten in München wurde, wie beschrieben, die atmosphärische Qualität des Mittelteils um den Kleinhesseloher See völlig verändert, als man Bäume zwischen See und Wiese pflanzte, die durch ihre »Pumpaktivität« den Ätherfluss behinderten, und zudem die wannenförmige Wiese (Wasser) mit Säulenpappeln (Feuer) bestückte.

Weitere Wirkungen der Bäume

Bereits mehrfach wurden die planetaren Zuordnungen der Bäume erwähnt. Inzwischen ist klar geworden, dass es hierbei um mehr geht als um Zeichenhaftigkeit. Die Bäume erzeugen in der Tat ätherische Felder, die der Qualität eines der sieben (klassischen) Planeten entsprechen: Der Mond steht dabei für das Emotionale, Launenhafte (von Luna → Laune), Unbewusste, die Sonne für das Bewusste, Klare, Helle; Saturn beschreibt das Fortschreiten »Schritt für Schritt«, das Rationale, Pragmatische, das Erdhafte; Venus steht für Schönheit und Freude an der Ästhetik, Jupiter beschreibt die Lebensfreude, aber auch den Drang zur Leistung, Merkur die Kommunikation und den Gedankenaustausch, und Mars das Aktive, Willensbetonte, sich Durchsetzende. Warum starb in den letzten Jahren der Merkurbaum Ulme so stark aus? Haben wir aufgehört, miteinander zu reden? Wurde aus dem Gedankenaustausch eine Gedankenprägung durch die Massenmedien?

Warum wurde die Linde als Baum der Mitte, als klassischer Dorfbaum verdrängt, und warum findet man stellenweise so viele Ahornbäume in den Städten? Ist es wirklich Zufall, dass zeitgleich das Miteinander und die Gemeinschaft mehr und mehr dem Leistungsdenken und der Betonung der Individualität wich? Auch hier könnte man in der Baumwahl bewusster, gezielter vorgehen.

In vielen meiner Kurse machte ich einen Versuch: Ich ließ die Teilnehmer blind ein Holzklötzchen ziehen, mit dem sie den Tag und die Nacht verbringen sollten, anschließend sollten sie berichten, wie es ihnen ergangen war und welche Träume sie gehabt hatten. Es ist immer wieder verblüffend, wie sich die Beschreibungen verschiedener Teilnehmer von den Hölzern und ihren Wirkungen glichen. Auch war interessant zu sehen, welcher Typus Mensch mit welcher Holzart Schwierigkeiten hatte und welcher nicht.

Hier nun das – rein empirisch – entstandene Ergebnis über die Wirkung folgender zwölf Baumarten:

Die seelische Wirkung der Bäume

Baum	Stichworte	Planet
Ahorn	leicht, weich, luftig, aufmunternd, kühl, unterstützend	Jupiter
Birke	sanfte Durchblutung, Sanftheit, Verspieltheit, leicht, luftig, fröhlich, klar	Venus
Buche	Kritik, Überheblichkeit, konzentrierend; schwierig, Kontakt herzustellen; Distanziertheit, Selbständigkeit, auf sich bezogen	Saturn
Eiche	fest, ruhig, stark, verhärtend, schwer, hart, (nachts schwierig), sonnig, Sommertag, Solarplexus, aufrecht, individuell, Ich-Kraft, Tatkraft	Mars
Esche	energiereich, Bewegung, spiralig, kräftige Ausstrahlung, mächtig, ausdehnend	Sonne
Kastanie	leicht, luftig, sanft, vergessen, ruhig, verwurzelnd, klärend, angenehm, ordnend	Jupiter
Kiefer	aufkommende Kindheitserlebnisse, fest und weich, Klarheit, Unschuld, warm	Saturn
Lärche	Wille, unkonzentriert, zersplitternd	Saturn
Linde	angenehm, ausgeglichen, verwurzelt, lindernd, Herzkraft, entspannend	Erde
Tanne	Emotionen fördernd, fließend, weich, Liebe, Depression, Ängste, beschwingt	Saturn
Ulme	dunkel, starr strukturiert, hart, kantig, unruhig, aktiv, fest, führt durch Prozesse, anregend, bewegt, befreiend	Merkur
Walnuss	energetisierend, Rosskur, Geburtshelferin, ermüdend, führt in Prozesse, warm, fest, vertiefend, vielschichtig	Sonne, Uranus

Praxisbeispiele

Bislang haben wir die Symbolik, die geistig-seelische Qualität und die energetische Wirkweise der Pflanze betrachtet. Die Art und der Ort der Pflanzung blieb bislang unerwähnt.

Wir hatten gesehen, dass Pflanzen ihr Umfeld energetisch beeinflussen. Sie können energetische Felder mit bestimmten Qualitäten aufbauen und so in einem Garten spezifische Atmosphären schaffen. Die Eigenschaft der Bäume, als Ätherpumpen zu fungieren, kann darüber hinaus genutzt werden, um stagnierende Energien des Ortes ins Fließen zu bringen oder zu starken Energieflüssen eine zerstreuende Wirkung entgegenzusetzen (ähnlich einem Mobile in einem Innenraum nach Feng Shui). Ebenso kann man durch die spezifische Ätherqualität der Pflanzen eine energetische Raumgestaltung im Garten vornehmen. Die Thuja besitzt als Konifere eine stark saturnische Kraft, das heißt, sie setzt Grenzen, sie riegelt ab. Energieflüsse sind durch dichte Thujapflanzungen wie Hecken nur sehr schwer und abgeschwächt möglich. Wen wundert es daher, dass zum Nachbarn oft eine Beziehung nur schwer möglich ist, wenn der energetische Austausch durch eine »Thuja-Mauer« behindert wird? Doch für jeden Fehleinsatz gibt es auch ein positives Verwendungsbeispiel: Grenzt zum Beispiel ein privater Garten an einen öffentlichen Raum, so kann durch die energetische Grenzsetzung mittels einer Thuja- oder Taxus(Eiben-)Hecke ein privater Raum geschaffen werden. Auch unliebsame energetische Einflüsse aus der Nachbarschaft lassen sich so abschirmen oder zumindest deutlich mindern. Merkurpflanzen dagegen haben den umgekehrten Effekt: Sie können – zumal paarweise dies- und jenseits einer Grenze gesetzt – Verbindungen aufbauen. Doch wenden wir uns nun der physikalischeren Wirkung der Pflanzen und deren Nutzung in der Praxis zu.

Ein großes Umweltproblem des aufbrechenden neuen Jahrtausends ist der so genannte Elektrosmog, die Überfrachtung der Atmosphäre mit elektromagnetischen Feldern und Wellen. So liegen inzwischen Forschungsergebnisse vor, wonach das Baumsterben ebenfalls mit dem Elektrosmog in Verbindung gebracht werden kann. Vor allem Nadelbäume im Einzugsbereich von Radaranlagen sind erheblich betroffen. Hier sind starke Verkürzungen der Nadeln nachweisbar. Was ist der tiefere Grund dafür? Die Nadeln stellen kleine Stabantennen oder im Falle der Kiefernnadeln gar so genannte V-Dipol-Antennen dar. Offenbar geraten die Bäume über sie in starke Resonanz mit den gesendeten Frequenzen der Radarsysteme. Um der offensichtlich unangenehmen Wirkung dieser Resonanz zu entgehen, verkürzen die Bäume ihre Nadeln und verändern damit das empfangene Frequenzspektrum. Dies bedeutet aber, dass eine Wechselwirkung zwischen elektromagnetischen Feldern und Bäumen möglich ist, denn eine Resonanz bedeutet stets eine wechselseitige Beeinflussung. Und wirklich ist dem so. Wie der Hochfrequenztechniker Ewald Kalteiß beweisen konnte, ist es möglich, mittels Bäumen, allen voran Nadelbäumen, elektrische Felder beispielsweise von vorbeiführenden elektrifizierten Bahnanlagen deutlich zu vermindern. Die Beeinflussung lässt sich zwar nicht ganz beseitigen, doch kommt es zu einer deutlichen Feldverzerrung, was im Einzelfall bereits eine Verbesserung für die Wohnumgebung bedeuten kann.

Auch auf natürliche transversale oder longitudinale Wellen üben Pflanzen ihren Einfluss aus. So wird in der Radiästhesie der Buxbaum gerne zur Umpolarisierung vor allem von Wasseradern eingesetzt. Jede elektromagnetische Welle hat einen Spinn, das heißt, sie dreht entweder links- oder rechtsherum. Linksdrehend ist für den biologischen Organismus in der Regel abbauend und daher stärker schädigend. (Man darf jedoch nicht in ein Gut-Böse-Denken verfallen, denn es gibt im Organismus stets Bereiche wie z.B. den Magen-Darm-Trakt, der auf zersetzende, »linksdrehende« Tätigkeit angewiesen ist.) Wasseradern mit linksdrehender Polarisation sind daher oftmals besonders unange-

Beeinflussung elektrischer Felder durch einen Nadelbaum nach Ewald Kalteiß.

nehm. Pflanzt man nun einen Buxbaum exakt auf die Mitte der Schwerpunktzone einer Ader, so wird die Wasserader – zumindest für 10 bis 20 Meter – umpolarisiert. Wodurch dieser Effekt genau erzielt wird, ist bislang noch unbekannt, möglicherweise aber hängt es mit den Inhaltsstoffen des Baumes zusammen.

Eine andere geheimnisvolle Wirkung ist dem Holunder eigen. Wasseradern besitzen ein gewisses Frequenzspektrum, eine so genannte Spektroide. Die längeren Frequenzen liegen weiter außen, die kürzeren näher beim Zentrum. Dieses Verhältnis dreht sich um, wenn ein Holunderstrauch wiederum auf das Zentrum einer Wasserader gepflanzt wird. In der Fließrichtung der Wasserader liegen nun nach dem Ort, wo der Holunder steht, die kürzeren Frequenzen weit außen, während die längeren sich im Zentrum ballen. Die Spektroide wurde invertiert. Dies ist vor allem von Nutzen bei rechtsdrehend polarisierten Adern, denn die biologisch positive Qualität der Wasserader erhält so eine starke Intensivierung der längeren Frequenzen. Oft wurden daher Holunder vor Kirchen gesetzt, um spezifische Strahlungskomponenten des Wassers für den Kirchenraum nutzbar zu machen.

Pflanzen sind also Antennen, Sender und Empfänger zugleich. Dadurch können Sie sowohl vorhandene Ortsqualitäten verstärken, indem sie mit diesen in Resonanz schwingen, wie auch durch Interferenzen stören oder gar bestimmte Frequenzen löschen. Diese Eigenschaft insbesondere der Bäume wurde auch in der historischen Gartenkunst gerne genutzt. In Wiesbaden fand man bei Baumfällarbeiten im Park des Schlosses Freudenberg unter einer der gerodeten Platanen des Gartenparterres eine Handvoll Kupfermünzen. Wie wir der Tabelle Seite 86 entnehmen können, steht die Platane mit dem planetaren Prinzip der Venus in Resonanz. Jedem Planeten wird auch ein Metall zugeordnet: der Sonne das Gold, dem Mond Silber, dem Jupiter Zinn, dem Mars Eisen, dem Saturn Blei, dem Merkur Quecksilber und der Venus Kupfer. Baum und Metall standen über das Wirkprinzip Venus miteinander in Resonanz. Dadurch kam es zu einer Verstärkung dieses Prinzips, das die Platane in ihre Umgebung abstrahlte, um so eine bestimmte Atmosphäre im Garten zu verbreiten. Es ist zu vermuten, das unter den anderen Platanen ebenso jeweils eine Hand voll Kupfermünzen zu finden ist. Der beschriebene Effekt lässt sich noch erheblich steigern, wenn der Standort des Baumes energetisch stark angeregt ist. Hierfür eignen sich vor allem Kreuzungen des so genannten Diagonal- oder Currygitters mit rechtsdrehender Polarisation, denn das Gitter liegt auf einer Frequenz von 24,5 Zentimetern. Oktaviert man diese Wellenlänge, so gelangt man ins Spektrum der Farbe Grün und zur Resonanz mit dem Chlorophyll. Deshalb wird eine Reaktionszone dieses Gitters auch gerne als »Wachstumszone« bezeichnet. Aber Vorsicht! Pflanzt man Obstbäume auf eine solche Gitternetzkreuzung, wurde oft beobachtet, dass die Bäume weniger tragen. Vermutlich ist die individuelle Kraft des Baumes dadurch so gestärkt, dass er nur wenig davon in die Samen- und damit Fruchtproduktion fließen lässt. Umgekehrt verhält es sich bei geschädigten Fichten. Sie produzieren in Massen Samen, um so das Überleben der Art zu sichern. Um den beschriebe-

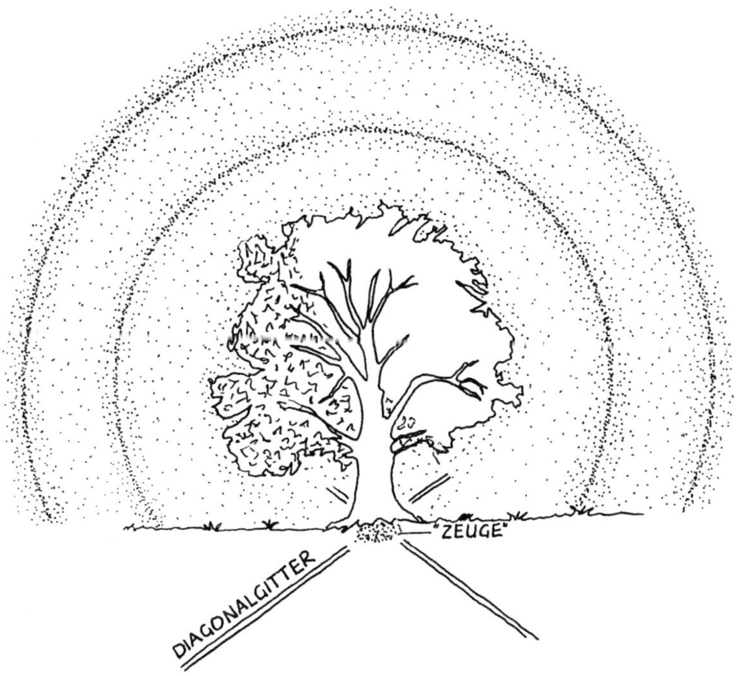

Aufbau von spezifischen Raumqualitäten durch Bäume: Der Baum wirkt als Antenne, die die Qualität einer Strahlungsquelle (so gennanter Zeuge) in den Raum verbreitet.

nen Effekt zu nutzen, muss man sich nicht auf die planetaren Zuordnungen von Bäumen und Metallen sowie Kreuzungen des Currygitters beschränken. Wichtig ist, dass der Baum im positiven Sinne für das Medium resonanzfähig ist. Trifft dies zu, kann man jegliches Strahlungsmedium nutzen, zum Beispiel Wasser aus einer heiligen Quelle (in einem kleinen Fläschchen), Bachblüten, homöopathische Mittel, Kristalle und vieles mehr. Als Anregung können Sie auch Kreuzungen anderer Gitter oder sogar Wasseradern benutzen. Wichtig ist aber, zuvor zu beurteilen, ob der Baum sowohl die Anregung (Wasserader, Gitternetz) als auch die Substanzen, auf die er gepflanzt wird, langfristig verträgt und ob er mit den entsprechenden Frequenzen gut mitschwingt. Trifft dies zu, können Sie aus Ihrem Garten einen Heilgarten machen, einen Venusgarten oder einfach einen Garten der Lebenskraft und Lebensfreude.

Vorsicht ist lediglich bei Pflanzen angesagt, die das Strahlungsfeld ihrerseits maßgeblich beeinflussen wie die oben erwähnten Buxbaum (Umpolarisation) oder Holunder (Invertierung).

Noch auf eine weitere Weise können Sie das Abstrahlverhalten der Bäume sinnvoll nutzen. Bäume besitzen jeweils einen frequenzspezifischen Abstrahlungsabstand. Man ermittelt ihn am einfachsten radiästhetisch mit der Grifflängenmethode. Die Rute stellt eine Antenne dar, die durch Verkürzung oder Verlängerung des Halteabstandes von der Rutenspitze frequenzspezifisch in ihrer Empfangsbereitschaft verändern werden kann. Auf diese Weise lassen sich die verschiedensten Frequenzen des Baumes ermitteln. Unter den ermittelten Grifflängen wählt man eine, die einem günstig erscheint. Nehmen wir als Beispiel die Frequenz 5,35 LA (Lecherantennen-Einstellwert), die mit Merkur in Resonanz steht. Zieht man nun mit gespannter Rute rückwärts schreitend vom Baum weg, wird in einem gewissen Abstand vom Baum die Rute erneut ausschlagen. Hier befindet sich der erste Reaktionsabstand – in unserem Beispiel die Merkurresonanz. Diesen Abstand markiert man. Den gleichen Vorgang wiederholt man an einem zweiten Baum, der einige Meter vom ersten entfernt steht. Sind die beiden Bäume nicht zu weit voneinander entfernt, entstehen zwei Reaktionskreise um die beiden Bäume, die sich in zwei Punkten schneiden. Berühren sich die beiden Kreise nicht, so hält man die Rute nach dem ersten Reaktionsabstand weiter gespannt und läuft weiter rückwärts, bis ein zweiter – schwächerer – Ausschlag erfolgt, um so zwei größere Kreise zu erhalten. In unserem Beispiel stehen Sie an den Schnittpunkten der beiden Abstrahlradien in optimaler Resonanz mit Merkur: vielleicht der ideale Platz, um zwischen diesen beiden Bäumen eine Sitzgruppe für Gespräche einzurichten. Indem Sie andere Frequenzen wählen, können Sie zwischen zwei Bäumen den idealen Ort für viele verschiedene Nutzungsmöglichkeiten finden: vielleicht einen Meditationsplatz oder einen Platz für Heilung und Regeneration.

Beherrschen Sie die Technik der Grifflängen-Radiästhesie nicht, kann Ihnen vielleicht folgende Methode weiterhelfen: Stellen Sie sich vor den Baum und vergegenwärtigen Sie sich die gesuchte Qualität (z.B. eine bestimmte Atmosphäre für Ihre Meditation). Fahren Sie in wenigen Zentimetern Abstand vom Baum mit der Handfläche dem Stamm entlang und spüren Sie, ob diese Qualität im Baum präsent ist, ob eine Resonanz erfolgt. Schreiten Sie dann – wie oben beschrieben – rückwärts, bis in Ihnen diese Qualität wieder scheinbar stärker wird. Nun stehen Sie quasi auf der ersten »stehenden Welle« mit dieser Qualität. Verfahren Sie dann wie oben beschrieben weiter.

Die Kreuzungen der Abstrahlradien haben einen deutlichen vertikalen Achsenbezug (Axis Mundi). Zumindest bei alten Wegkreuzen scheint der beschriebene Effekt bei der Einrichtung bekannt gewesen zu sein, denn hier befindet sich häufig das Kruzifix exakt auf einer solchen Kreuzung der Abstrahlradien zweier etwas zurückversetzt stehender Bäume, wodurch im Kruzifix eben jener Effekt der Axis Mundi erzeugt wird.

Die erwähnten Dreieckspflanzungen von Bäumen durch Fürst Pückler-Muskau haben einen ähnlichen Effekt: Sie erzeugen ein sehr starkes Spannungsfeld zwischen den Bäumen, was die Ätherdichte steigert und energiereiche Felder erzeugt. Sie erinnern sich (siehe Seite 74): Fürst Pückler pflanzte Bäume zumeist in Dreier-Solitär-Gruppen, wobei zwei Bäume stets enger beisammen, der dritte etwas weiter entfernt war, so dass ein spannungsreiches ungleichschenkliges Dreieck entstand, dessen Seitenlängen sich dem goldenen Schnitt näherten.

Zum Schluss noch ein Wort zur Pflanzung allgemein: Pflanzen leben normalerweise ihr ganzes Leben an einem Platz. Sie richten sich daher auf die vorgefundenen Verhältnisse ein. Sie speichern die vorgefunden Ortsqualitäten gleichsam in ihrem Holz. Deshalb sollte man Pflanzen sehr individuell auswählen oder zumindest ihren Urstandort kennen, bevor man sie in seinen Garten setzt. Das umgekehrte Problem sind die heute häufig vorgenommenen Umpflanzungen (»Umschulung«) der Bäume. Pflanzen richten sich nach den Magnetfeldlinien der

Erde aus. Ihre Ausrichtung am neuen Standort sollte daher so gewählt werden, das wiederum dieselbe Seite nach Norden weist. Dies ist allerdings nur möglich, wenn man die Pflanze noch in der Baumschule markiert. Hat man dies versäumt, so kann die Nordseite am Stamm auch radiästhetisch über den Lecherwert 7,1 ermittelt werden. Containerpflanzen allerdings, also Pflanzen, die in Töpfen aufgezogen wurden, weisen hier keinerlei Prägung auf. Sie wurden Zeit ihres Lebens permanent mit der schönsten Seite zum Kunden gedreht. Ihnen fehlt eine echte Verankerung in der Erde und ihren Magnetfeldlinien. Ballenware ist daher in jedem Fall der Vorzug zu geben.

Und natürlich gehört zur Platzwahl die Untersuchung des Standorts. Sind Sie nicht trainiert, geologische Störzonen, Wasseradern usw. zu erkennen und bei der Pflanzung zu berücksichtigen, so wandern Sie mit der Pflanze (bzw. wenn diese zu groß ist, mit einem Pflanzenteil) über die Fläche, wo sie gepflanzt werden soll. Am bestmöglichen Platz werden Sie eine innere Resonanz erfahren.

Bedenken Sie stets: Pflanzen sind lebende und fühlende Wesen, sie sind – gleich dem Menschen – eine lebende Axis Mundi. So wie Sie Ihre Pflanzen behandeln, so werden diese Sie in Ihrem Garten behandeln!

Der Stein

Symbolik des Steins

Steine waren wie heilige Bäume zu allen Zeiten Objekte der Verehrung. So lässt sich auch das altgermanische Wort für »Heiligtum«, »hogr«, auf »Steinhaufen« zurückführen. Und Zeus, Dionysos, Mithras und nicht zuletzt Christus waren »Felsengötter«, aus dem Fels, in der Höhle – der Gebärmutter der Großen Mutter – geboren.

Die archetypische Grundsymbolik des Steins ist seine scheinbar die Ewigkeit überdauernde Unveränderlichkeit und Härte. Dies macht ihn zum die Zeit überdauernden Denkmal. So setzte Moses den Stein als Gedenkstein für eine heilige Stätte, als er für die zwölf Stämme Israels zwölf Steinmale errichten ließ. Ebenso war es Brauch, die Fußabdrücke von Braut und Bräutigam in Stein zu meißeln, als Zeichen der Verbindung in alle Ewigkeit.

Über diese Grundsymbolik hinaus wird der Stein – sich selbst nicht verändernd – zum Zeiger des ewig Wandelbaren – der Zeit. So wurden im Megalithikum Steine als Markierungen wichtiger astronomischer Ereignisse wie Sommer- oder Wintersonnenwende gesetzt. Der Stein aber auch als ein der Ewigkeit, dem Tode nahe stehendes Objekt. Denn Steine gelten als Wohnsitze der Ahnen wie in Indonesien, sie enthalten die Geister der Toten wie in Australien oder sind Symbol der Ewigkeit der Seele wie beim christlichen Grabstein.

So wird der Stein selbst zum Träger des Numinosen: Im Fraubillenstein, einem zu einem Kreuz umgehauenen Menhir, soll eine Fee leben, die man im Steine sitzend Wolle spinnen hört. Die Griechen nannten solche Steine »Baitylia«, »beseelte Steine«, verwandt mit dem semitischen »Bethel« (Haus Gottes). Als Jakob den Traum von der Himmelsleiter hatte, an der Engel auf und nieder stiegen, richtete er an derselben Stelle des Morgens einen Stein auf, salbte ihn mit Öl und nannte ihn »Bethel«. Der Stein wird wie der Baum zu einer Himmel und Erde verbindenden Axis Mundi. Auch der Meteorstein in der moslemischen Kaaba in Mekka ist eine solche Weltenachse, denn er fiel vom Himmel auf die Erde und ruht seitdem im »Zentrum der Welt«. In Indien gibt es zwölf »aus Licht geborene« (natürliche) Lingams, dem Gott Shiva geweihte Steine als Symbol der Weltenachse. Sie sind verbindende Kanäle göttlicher Energie.

Die Kraft der Steine

Steine haben je nach Typus spezifische Energiewirkungen. Basalt zum Beispiel ist reich an Magnetiten. Basalt und Granit haben deutlich höhere magnetische Eigenschaften als Sedimentgesteine. Besondere Teile des Gehirns wie der Schläfenlappen (Lobus temporalis) oder auch die Zirbeldrüse sind für magnetische Felder sehr empfänglich; von den so produzierten Hormonen wirken einige gar wie psychedelische Substanzen. Es ist sehr wahrscheinlich, dass sich gerade deshalb die meisten heute noch existenten megalithischen Kultstätten in Gebieten befinden, die auf Granit liegen. Gleichzeitig bestehen sehr viele megalithische Steine aus Granit oder Basalt. Daher der in der Religionsgeografie – aufgrund reiner Beobachtung – geprägte Satz: »Basalt macht fromm.«

Auch Sedimentgesteine haben außergewöhnliche energetische Eigenschaften: So gibt es überall auf der Welt den Brauch, sich feines Gesteinsmehl aus (meist heiligen) Gebäuden zu kratzen, um daraus Salben und Ähnliches zu fabrizieren oder es einzunehmen. In der Stadt Quedlinburg ist dies sogar schriftlich belegt. Hier wurden Gesteinsmehle aus örtlich genau bezeichneten Kirchen zum Beispiel »gegen das böse Dinge an der Brust« (möglicherweise eine Art Furunkel?) verabreicht. In den Städten Quedlinburg, Erfurt, Wolframs-Eschenbach, Mühldorf/Inn, Bamberg und anderen mehr gab es zahlreiche so genannte Wetzsteine.

Diese Eigenschaft vor allem des Sandsteins, Energien, denen er lange ausgesetzt war, zu speichern und allmählich wieder abzugeben, beruht auf seiner hohen Konzentration an Quarzen bzw. Siliziumkristallen, wie sie auch in Quarzuhren Verwendung finden. Quarz ist aber auch neben dem im letzten Kapitel behandelten Holz ein hervorragendes Speichermedium für Ätherkräfte (vgl. Äthergesetze auf Seite 90). Ein guter Teil der dem Sandstein zugesprochenen Wirkweisen ist mit Sicherheit auf diese Eigenschaft zurückzuführen. Nicht umsonst nutzt auch Roland Plocher für seine »PENAC«-Energieprodukte, mit denen er Gewässer ins Gleichgewicht bringt und Gülle beschleunigt verrotten lässt, als Trägersubstanz Quarzmehl.

Aber auch der sedimentative Kalkstein hat hervorragende energetische Eigenschaften. Er besteht im Grunde aus abgestorbener organischer Substanz, Myriaden von Lebewesen – Kleinsttierchen und Muscheln. Als solches ist der Kalkstein in der Regel intensiv rechtsdrehend – umso mehr, wenn er als Kalkkiesel aus den Alpen durch Flüsse transportiert wurde und durch die Wirbelstrukturen des Wassers (siehe unten) quasi aufgeladen, »potenziert« wurde.

Nach den Erfahrungen von Michael Gienger kann man das Gestein überdies, gemäß den ihm zugrunde liegenden Entstehungsprozessen, in drei Wirkgruppen einteilen:

– Bei Primärgestein (Basalt, Granit usw.) kommt es aufgrund von Abkühlung und Erstarrung von magmatischen Flüssigkeiten zur Gesteinsbildung. Das innere Potenzial der Magmamasse wird durch Außenfaktoren wie Druck und Hitze variiert, so dass sich verschiedene Gesteine bilden können. Ebenso ist dann die psychoenergetische Eigenschaft dieser Gesteine. Sie unterstützen die Menschen, die ihrem Einfluss ausgesetzt sind, ihre seelischen Potenziale zu entwickeln (Basalt macht fromm).

– Sekundär- beziehungsweise Sedimentgesteine wie Sandstein, Kalkstein, Gips usw. entstehen dadurch, dass festes Urgestein zermahlen wird, um anschließend erneut zu sedimentieren. Ebenso wirken Sedimentgesteine auch auf den Menschen: Erstarrte seelische Prägungen werden gelöst und machen unseren Blick frei für neue Erfahrungen.

– Tertiärgesteine (Marmor, Gneis, Schiefer) entstehen durch Umwandlungsprozesse unter großem Druck und Hitze aus Primär- und Sekundärgesteinen. Die im Stein enthaltenen Moleküle beginnen sich erneut auszurichten und zu ordnen. Tertiärgesteine prüfen uns daher auf unsere Beständigkeit: Was nicht dauerhaft und stabil in uns ist, unser Kern sozusagen, unser karmischer Auftrag, das wandelt sich. Wir vermögen hier leichter Einstellungen und Handlungsweisen an uns zu erkennen, die für unsere spirituelle Fortentwicklung nicht mehr nützlich sind.

Es ist daher – wie bei der Pflanzenauswahl – von fundamentaler Bedeutung, sich zunächst zu vergegenwärtigen, welche energetisch-seelische Qualität im Garten gewünscht ist, ehe man damit beginnt, Steine für Pflasterbeläge und Mäuerchen auszuwählen. In der Regel haben Natursteine die besseren energetischen Eigenschaften als Kunststeine (vor allem, was die Energieführung angeht). Dennoch kann auch Beton zu einem guten Baumaterial werden, wenn man keine Fertigsteine nimmt, sondern die Zutaten der Mischung individuell auswählt.

Nehmen Sie radiästhetisch geprüftes frisches Quellwasser mit starken rechtsdrehenden Anteilen anstatt Leitungswasser oder auch künstlich energetisiertes Wasser wie so genanntes levitiertes Wasser. Der verwendete Sand sollte ebenso zuvor geprüft werden, da die Quarzkörnchen sich gerne mit den Energien der Umgebung aufladen. Als Tipp: Wenn Sie es sich zeitlich wie räumlich leisten können, lagern Sie den Sand zuvor einige Tage oder gar Wochen zum Beispiel auf einer rechtsdrehenden Wasserader (auch für den Wegeunterbau). Ebenso sollten alle weiteren Betonzutaten wie der Zement geprüft und behandelt werden. Zudem können Sie in geringen Mengen weitere Zusatzstoffe zum Beton geben, die seine energetischen Eigenschaften verbessern. In einem »Garten der Heilung« können dies Bachblüten-Notfalltropfen sein, homöopathische Mittel oder Heilerden. So wird das ansonsten viel gescholtene Material zu einem geomantisch höchst respektablen Baumaterial. Bedenken Sie: Auch die Römer kannten bereits eine Art Naturbeton mit hervorragenden energetischen Eigenschaften, und letztlich ist auch der natürliche Tuff nicht viel anderes. So sollten Sie den Beton in seiner seelischen Wirkung auch ähnlich betrachten wie andere Sedimentgesteine.

Arbeiten mit Steinen

Steine besitzen über die energetischen Eigenschaften, die sie durch ihren Entstehungsprozess und ihre Inhaltsstoffe erhalten haben, hinaus grundlegende Eigenschaften der Energieführung bzw. -strukturierung. In der Regel ist die letztgenannte Eigenschaft jedoch abhängig von ihrer natürlichen Ablagerung, Schichtung, ihrem »Wuchs« usw., weshalb Kunststeine aus Beton oder Kalksandstein sowie in der Regel neu produzierte Ziegel diese Eigenschaft nicht besitzen.

So ist feststellbar, dass Steine an ihren Enden jeweils unterschiedliche Polarisationen und Polaritäten aufweisen. Was ist darunter zu verstehen? Unter einer Polarisation versteht man die Drehrichtung der Strahlung, im Sinne von rechts- und linksdrehend. Geschnittene oder gebrochene Steine »drehen« häufig an zwei gegenüberliegenden Enden unterschiedlich. Die Römer nutzten diese Eigenschaft, indem sie etwa an Kastellmauern die rechtsdrehenden und damit für den menschlichen Organismus aufbauenden, »wohltuenden« Enden der Steine der Innenseite zuwendeten. Die linksdrehenden Seiten der Steine dagegen waren den potenziellen Angreifern zugewandt, die dadurch als Erstes einen gehörigen Schub abbauender Kräfte entgegengeworfen erhielten.

Die Polarität ist von der Polarisation deutlich zu unterscheiden. Polarität meint nicht zwei unterschiedliche Pole im Sinne von rechts- und linksdrehend, sondern, wenn man so möchte, jene im Sinne von Yin und Yang. Je nach der oben erwähnten »Schichtung« oder »Wuchsrichtung« eines Steines (also der Richtung der Sedimentation bei Sekundärgesteinen oder der Abkühlung und Druckverminderung bei Primär- und Tertiärgesteinen) ergibt sich an den gegenüberliegenden Enden jeweils ein Yin- und ein Yangpol. Da Yin und Yang aber niemals absolut gesehen werden dürfen, sollten sie auch hier lediglich als Bezeichnung zweier Wirkbeziehungen dienen. Dies dergestalt, dass eine ätherische Kraft am Yinpol quasi angezogen wird, den Stein durchströmt, um am Yangpol den Stein wieder zu verlassen. Je nach Ätherart (z. B. den vier Elementeäthern) kann bei jedem einzelnen gebrochenen, geschnittenen oder gehauenen Stein dieses Flussverhalten durchaus unterschiedlich sein und sollte daher einzeln geprüft werden. Das heißt, bei einem modellhaft kubisch gedachten Stein kann die Hauptenergieführung für den Feuer-Äther von links nach rechts gehen, wobei der Yinpol des Feuer-Äthers links, der Yangpol rechts zur Wirkung käme. Umgekehrt kann es sich mit dem Wasser-Äther verhalten. Er könnte in

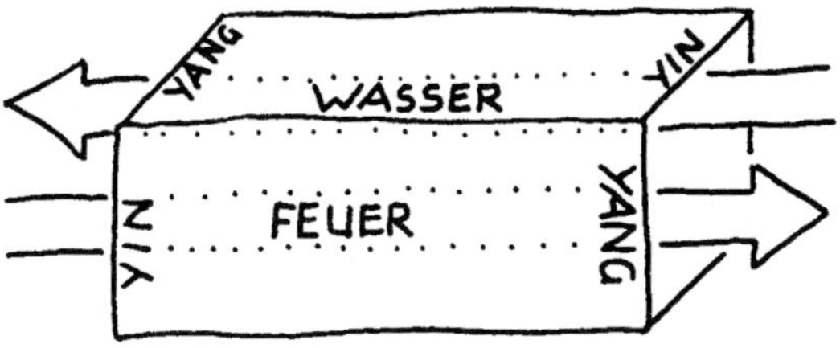

Ätherpolarität eines Steines.

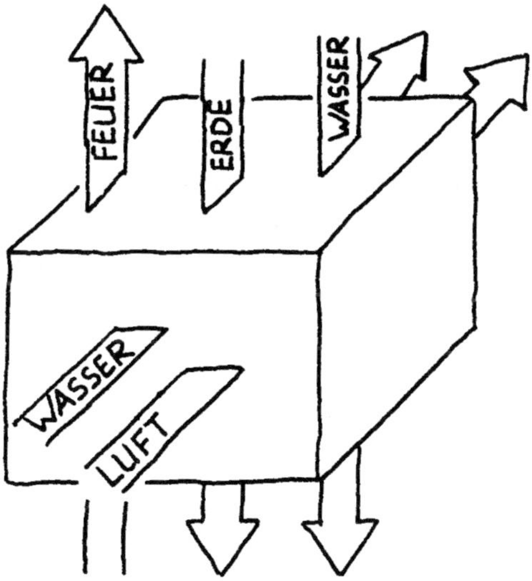

Ätherbewegung im Naturstein.

unserem Beispiel von rechts nach links fließen, wobei nun – auf den Wasser-Äther bezogen – der Yinpol rechts und der Yangpol links zur Wirkung kommt usw. In jeder der drei möglichen Flussrichtungen eines Kubus können alle vier Äther in unterschiedlichen Richtungen fließen. Wohl aber wird sich für einen bestimmten Äther eine bevorzugte Hauptflussrichtung herausstellen. In der Regel ordnen sich wie erwähnt die Ströme nach der »Wuchsrichtung« aus. Legt man einen geschnittenen Kubus eines Natursteins, zum Beispiel eines Sedimentgesteins, so vor sich, wie er gewachsen ist, also die später sedimentierten Bestandteile nach oben, steigt der Feuer-Äther in der Regel von unten nach oben auf, der Luft-Äther bewegt sich (bei Sedimentgestein in der Bewegungsrichtung des ehemaligen Wassers) in der Horizontalen, der Erd-Äther strömt, der zunehmenden Dichte folgend, von oben nach unten, und der Wasser-Äther steigt zumeist ebenso ab oder bewegt sich in der Horizontalen. Um die vielen Unwägbarkeiten auszuschließen, sollte jeder einzelne Stein, wie erwähnt, geprüft werden. Hans-Jörg Müller, der auch die Ätherradiästhesie entwickelte und der einen solchen die Ätherkräfte bewegenden Stein als »polarisierten Stein« bezeichnet, erdachte sich eine äußerst einfache und praktikable Methode zur Überprüfung der Ätherströme und der bevorzugten Hauptflussrichtung innerhalb eines solchen Steines: Dazu vergegenwärtigt man sich das Gefühl, das der jeweilige Äther im Körper erzeugt. Beim Erd-Äther ist dies ein sich aufbauender Druck, beim Wasser-Äther die innere Wahrnehmung einer kühlen Feuchte, beim Luft-Äther der Bewegungszug und beim Feuer-Äther wahrnehmbare Wärme. Mit diesem in sich selbst erzeugten inneren Resonanzraum stellt man mit der äußeren Kraft eine Resonanz her, indem man die Hand – locker im Ellenbogen pendelnd – in einer möglichen Bewegungsrichtung über den Stein führt. Steht man mit dem gesuchten Äther in Resonanz, wird die Hand sanft vom Yinende des Steins angezogen und vom Yangende abgestoßen, so dass eine Bewegungsführung der Hand von rechts nach links (oder umgekehrt) erfolgt.

Auf diese Weise kann bei der Arbeit mit bestimmten Ätherkräften Stein um Stein so gelegt werden, dass insgesamt eine Hauptstromrichtung erzeugt wird, um so einen Einfluss auf das Energiegefüge des Gartens auszuüben.

Arbeit mit der Polarisation der Steine

Wenden wir uns aber noch einmal der Polarisation (links-/rechtsdrehend) des Steines zu. Am besten überprüft man die Polarisation der gegenpolaren Enden eines Steines mit Hilfe der Lecherantenne und des beigefügten Magnetstäbchens oder mit Hilfe eines ferrokeramischen Magnetringes, der auf den linken Seitenast der Rute (so genannte Gabel- oder V-Rute) gesteckt wird. Natürlich ist eine Polarisationsbestimmung auch mit dem Pendel möglich.

Je nach Ausrichtung und Zusammenstellung der Steine können im Garten- und Landschaftsbau mit Hilfe von Steinen verschiedene Effekte erzielt werden. Möchte man den Garten schützen und in eine energetische Einheit verwandeln, empfiehlt es sich, Steine derselben Art – diese stehen am besten miteinander in Resonanz – zu verwenden und, wie Professor Eike Hensch in seinem Artikel »Der Eckstein« (1999: 10–14) beschreibt, sie so zu setzen, dass jeweils ein negativ polarisiertes Ende an das positiv polarisierte Ende des nächsten Steines stößt. So kann eine Mauer um den Garten gezogen werden. Dabei ist darauf zu achten, dass die rechtsdrehenden Enden der Steinquader stets nach oben weisen, um nicht ungewollt weitere (unerwünschte) Effekte zu erzeugen.

Es ist jedoch gar nicht notwendig, den Garten vollständig zu ummanteln. Es reicht aus, die vier Ecken des zu umhegenden Raumes mit einem größeren Stein zu besetzen und die polaren Enden wie beschrieben auszurichten. Durch Anschlagen der Steine wird der Kreis respektive das Viereck aktiviert. Man erhält dadurch – wie Professor Hensch sich ausdrückt – eine »informative Stabilität«. Die Steine bilden eine energetische Schwelle, die Fremdinformationen nur »unwillig« und geschwächt hindurchlässt.

Sägt oder bricht man die Steine aus einem einzigen größeren Stein und stellt sie, wie sie gewachsen sind, doch auseinander gezogen auf, so verstärkt sich dieser Effekt noch bedeutend.

Auch für den Wegebau lassen sich gepolte Steine gut verwenden. Wie bei Ecksteinen sollten auch hier die positiven Seiten nach oben weisen, zum einen, um keine unerwünschten Effekte zu erzielen, zum anderen, weil es äußerst wohltuend ist, beim Gehen von rechtsdrehenden Frequenzen bestrahlt zu werden, zumal an der Fußsohle wichtige Resonanzbereiche des Körpers wie der »Punkt der sprudelnden Quelle« sitzen. Dieser Akupunkturpunkt hinter den Fußballen (1. Punkt des Nierenmeridians) ist in der chinesischen Medizin eines der Hauptzentren zur Aufnahme von so genanntem Ti-Qi (Erdenergie).

Professor Hensch weist daraufhin, dass Hölzer ebenso zwei gegenpolare Enden besitzen. In der normalen Wuchsform ist der Pluspol (rechtsdrehend) oben am Baum zu finden, während der Minuspol (linksdrehend) unten zu finden ist. Dreht man nun einen Pfahl entgegen seiner Wuchsrichtung um und setzt ihn mit dem Pluspol in die Erde, entsteht ein interessantes Phänomen: Es bilden sich rings um das Holz radiale Reaktionszonen, die einer »blind spring« (»blinden Quelle«) ähneln, wie sie häufig an sakralen Orten anzutreffen ist. Ich habe dieses Phänomen überprüft und bin auf dieselben Ergebnisse gekommen. Interessant ist, dass ähnliche Effekte auch mit gepolten Steinen erzeugt werden können, wenn man auch ihre ätherische Polarität mitberücksichtigt. So kann man rund um eine kleine einzelne (möglicherweise auch im Erdreich verborgene) Steinsetzung mit Pluspol Richtung Erdmittelpunkt stehende Felder erzeugen, die einen stark zentrierenden und vor allem vertikalen Achsenbezug besitzen. Fixiert man einen solchen Stein beispielsweise im Erdreich am Kreuzungspunkt zweier Baum-Abstrahlradien (wie auf Seite 112f. beschrieben), so entsteht an dieser Stelle ein Einstrahlpunkt, eine Axis Mundi. Ähnlich wurde mit den Feldkreuzen verfahren, die – wenn geomantisch funktionstüchtig – durchwegs ebenso mit dem oberen Ende des Holzes nach unten gesetzt wurden.

Sie können sich also Ihre persönliche Axis Mundi mit spezieller Qualität (Frequenz, abhängig von gewählter Frequenz in den Bäumen) in Ihrem eigenen Garten schaffen!

Von dem analog dem historischen Beispiel gewählten Vorgehen, im Garten die positiven Enden der Steine nach innen, dem Wohnhaus zu, die negativen Enden nach außen zu setzen, möchte ich abraten, sonst geraten Sie schnell in Konflikt mit Ihrem Nachbarn. Auch wenn er nichts davon weiß, macht eine solche Installation dennoch, wenn vielleicht auch unbewusst, »heiß« – eben aggressiv. Tun Sie sich und Ihrem Nachbarn etwas Gutes und machen Sie Ihren Garten nicht zum römischen Kastell!

Steine als Antenne

Steine können wie die Bäume die Funktion einer Antenne übernehmen. Zumal, wenn sie mit Quarz angereichert sind (Sandstein), stellen sie hervorragende Schwingungsempfänger und -sender dar. So berichtete Reinhard Schneider, dass unter Grenzsteine früher so genannte Zeugen gelegt wurden, meist hochschwingende, oftmals organische Substanzen, die mit der Zeit verrotteten. Ihre Schwingung jedoch blieb erhalten. Über die Kerblinien des Grenzsteins wurde eine Peillinie zum nächsten Grenzstein erzeugt, die radiästhetisch nachweisbar war. Versetzte jemand unerlaubt den Grenzstein, brach das »Antennen-Peilsystem« zusammen. »Flurgeschworene« konnten so Grenzverletzungen rasch aufspüren, da im versetzten Grenzsstein die Frequenz des Zeugen des Steines fehlte.

Wir können uns diese Technik heute wieder zunutze machen: Legt man einen Strahlungsträger, einen »Zeugen«, unter einen Stein, so beginnt der Stein diese Frequenz in den Raum zu senden. Als »Zeuge« können wiederum allerlei angenehme und wohltuende Frequenzen dienen: Bachblütentropfen, Wasser einer Heilquelle, homöopathische Mittel usw. Setzt man, wie oben beschrieben, mehrere Steine derart in Resonanz, entsteht zwischen ihnen ein Feld als Schwelle. Bei der Werkschularbeit der Fachausbildung »Erdheilung, geomantische Landschaftsplanung und Naturschutz« der Schule für Geomantie

Hagia Chora wurde dieses System angewandt, um zwei Portalsteine aus Basalt miteinander in Resonanz zu setzen und gleichzeitig dem Besucher des Gartens einen Willkommensgruß entgegenzusenden. Als »Zeuge« dienten hier Fläschchen mit Pflanzenessenzen, die mit dem Planeten Merkur (LA 5,35) in Resonanz stehen. So wurde gleichzeitig eine ältere, unangenehme Schwellensituation vermittelnd überformt. Am besten installiert man eine solche Steinsetzung zu zweit oder zu dritt: Jeweils eine Person steht mit ihrer ganzen Aufmerksamkeit am Stein und dreht ihn langsam, bis es zu einer spürbaren Resonanz beider Steine kommt. Die dritte Person, mit gespannter Rute zwischen den Steinen stehend, erhält in diesem Moment einen Rutenausschlag auf der Frequenz des »Zeugen«.

Allgemein kann man sagen, dass abgerundete Ecken und Kanten ein sanfteres Feld zwischen den »Steinantennen« erzeugen, einander zugewandte spitze Kanten dagegen die Feldwirkung erhöhen.

Wie beim Baum lässt sich die Antennenwirkung des Steines noch deutlich verstärken, indem man ihn auf einem (möglichst rechtsdrehenden) Kreuzungssystem beliebiger Frequenz positioniert. Diese Frequenz wird dann allerdings gemeinsam mit der »Zeugenschwingung« in die Antenne eingespeist und gesendet. Im Falle der Werkschularbeit wurde dazu ein Gitter mit geringer Intensität der Wellenlänge 7,4 LA rechtsdrehend gewählt. In ihrer rechtsdrehenden Polarisation führt diese Frequenz zu einer Verbindung beider Bereiche dies- und jenseits der Schwelle.

Arbeit mit der ätherischen Polarität der Steine

Wir erinnern uns: Natursteine besitzen die Eigenschaft, bestimmte Äther in eine bevorzugte Richtung durch sich durchzuleiten. Wir können uns die Eigenschaften der Ätherkräfte auf diese Weise für die Gestaltung unseres Gartens nutzbar machen.

Legen wir nun – wie bereits bei der Polarisation der Steine besprochen – den Yangpol des einen an den Yinpol des nächsten Steins, so entsteht ein durchleitendes System. Schafft man sich auf diese Weise eine das ganze Grundstück umhegende Mauer, entsteht ein auf der Basis des Schwingkreisprinzips funktionierender geschützter Raum (Sanktuar). Dadurch kommt es einerseits zu einer starken »Individuation« des Gartens – der Garten wird verstärkt als ein Holon erfahrbar, als eine geistig wirksame Einheit. Auf diese Weise verfuhr man im Mittelalter zum Beispiel mit Klostermauern, wobei der Effekt noch dadurch verstärkt wurde, dass zum Beispiel Wasseradern den Mauerkeis tangential durchströmten und so ein zusätzlicher Strömungsimpuls entstand. Durch die gezielte energetisch-symbolische Setzung von Pflanzen innerhalb des Holons gemäß dem christlichen Weltbild wurde ein wahrhaft heiliger Garten – ein Paradiesgarten – geschaffen. Dies ist auch Ihnen möglich!

Andererseits erzeugt der starke Schwingkreis in der Peripherie ein ebenso starkes Zentrum – wie wir es am Beispiel der Exedra im Englischen Garten in München oder dem chinesischen Teehaus in Sanssouci gesehen haben. Damit kommt es zu einer starken Zentrumsbetonung in Ihrem Garten. Wird das Zentrum durch eine entsprechende Pflanzung oder eine Steinsetzung mit gepoltem Stein, der mit dem Pluspol nach unten weist, weiter verstärkt, bildet sich ein Einstrahlpunkt – ein »Lebensbaum oder Baum der Erkenntnis«.

Auch diese Methode, den Stein mit der positiven Seite nach unten zu setzen, kann durch die Berücksichtigung des Ätherstromes weiter verstärkt werden: Wählt man einen Stein aus, bei dem der Luft-Äther vom linksdrehenden Ende des Steins zum rechtsdrehenden Ende geleitet wird, stimmen also Minus- und Yinpol sowie Plus- und Yangpol überein, bildet sich (mit zunehmender Länge des Steins) eine starke Vertikalachse aus Luft-Äther, der als »Trägerwelle« weiter einströmender Informationen dienen kann. Der Luft-Äther wird vor allem deshalb gewählt, weil er am schnellsten auf eine solche Installation reagiert und einen starken Vertikalbezug besitzt.

Doch zurück zum »Sanktuar«: Im Prinzip ist es egal, welche Äther Sie hier als Medium auswählen und nach welchen Äthern Sie den

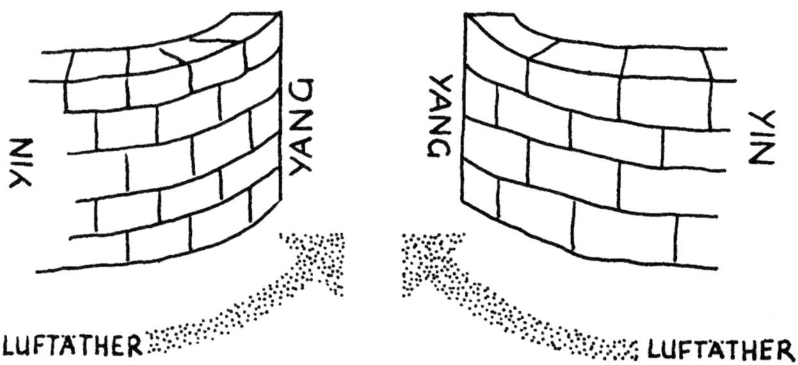

Mit auf den Luftäther abgestimmten gepolten Steinen zieht die Mauer den Bewegungsimpuls (Luft) zum Tor.

Yin- und Yangpol der Steine in der Mauer bestimmen. Je mehr der vier Ätherkräfte allerdings das Grundstück umströmen, umso stärker wird der Effekt sein. Den stärksten Effekt erzielen Sie, wenn Sie individuell Steine auswählen, die die Yin-Äther (Wasser und Erde) den Yang-Äthern (Feuer und Luft) entgegen lenken, so dass zwei gegenläufige Wirbel entstehen. Doch bedenken Sie stets: Es kann schnell zu viel des Guten sein, und nur wenige Menschen leben gerne hinter dicken »Klostermauern«. Sammeln Sie daher zunächst im Kleinen, im Modell sozusagen, Erfahrungen!

Durchlässe im geschlossenen Mauerring (Ein- und Ausgänge) stellen übrigens keine größeren Probleme dar, wenn die Polarität der Steine analog fortgesetzt wird. Durch ein leichtes Anschlagen des Steins nach dem Setzen an seinem Yinpol springen zudem die Ätherkräfte auch über weitere Distanzen über. Führt die Mauer, auf dem Luft-Äther (Bewegungsäther!) aufgebaut, an der Einfahrt oder am Eingang in einem Schwung nach innen, entsteht ein starker Bewegungssog zum Eingang hin (Abbildung gegenüber). Eine solche Anlage ist sinnvoll für Geschäfte und Büros mit Parteienverkehr, sie lenkt die Menschen verstärkt und gezielt in die Geschäftsräume. Sind dagegen die Mauersteine so gesetzt, dass alle Yinpole auf der einen, die Yangpole dagegen auf der anderen Seite der Mauer zu liegen kommen, schaffen Sie eine Schwelle, die stark das Innen-Außen-Verhältnis des Gartens betont. Übermäßig hohe Anteile eines Äthers im Garten können so »ausgeleitet« werden (indem der Yinpol innen und der Yangpol außen zu liegen kommt), oder »fehlende« Ätherkräfte können dem Garten zugeführt werden (indem der Yangpol nach innen und der Yinpol nach außen gelegt wird). Bedenken Sie auch hier, je mehr Steine die Mauer enthält, umso stärker wirkt sie. Möglicherweise reicht bereits eine Setzung von Kantensteinen an der Grundstücksgrenze.

Wegebau

Wir haben bereits gesehen, dass bei gepflasterten Wegen das rechtsdrehende Ende des Steines möglichst nach oben liegen sollte. Möchte man – vor allem im öffentlichen Raum – eine Hauptbewegungsrichtung vorgeben, um beispielsweise bestimmte Teile eines Parks in einer bestimmten bevorzugten Reihenfolge zu vermitteln, so empfiehlt es sich, die Steine auf den Luft-Äther (= Bewegungsäther) aufzubauen. Fließt dieser vom Yin- zum Yangpol der Steine, wird auch der Hauptbewegungsimpuls der Menschen in dieser vorgegebenen

Richtung laufen. Natürlich ist der Mensch ein freies Wesen und folgt in erster Linie seinem Willen, dennoch lässt er sich gerne von solchen Ätherströmen leiten, da es die Bewegung erleichtert. Beobachten Sie doch einmal in einer Fußgängerzone während der Hauptgeschäftszeit über längere Zeit den Strom der Passanten. Sie werden feststellen, dass sich die Bewegungsrichtungen der Menschenmassen kaum ändern, sie laufen kontinuierlich in ähnlichen Bahnen.

Eine besonders interessante Installation ist die Anlage von Trampelpfaden. In der Regel sind diese als »hässlich« verpönt. Ich persönlich finde sie aber wesentlich ästhetischer und natürlicher als manchen schwarzen Bitumen- oder Asphaltbelag. Wie aber bringt man Menschen dazu, einen Trampelpfad zu bilden? Zunächst muss der Weg natürlich sinnvoll sein. Über eine Wiese trampelt man, den offiziellen Weg meidend oder verkürzend, um das Ziel schneller zu erreichen. Zweitens sollten bei größeren zu überquerenden Flächen »Eyecatcher« (Baumgruppen o. ä.) eingefügt werden. Diese geben den Augen Halt, bilden Zwischenziele und ziehen die Aufmerksamkeit und damit Ätherkräfte an (Regel 9). Nun aber zum i-Tüpfelchen: Legt man den Weg mit einzelnen unter der Erde liegenden, also nicht sichtbaren, Steinen an, die untereinander in energetischer Beziehung stehen und vor allem den Luft-Äther wenigstens bis über die Mitte der Fläche leiten, so bildet sich in der Regel sehr rasch ein Trampelpfad. Mögen es zunächst Tiere oder Kinder sein, die diesen Energien gerne folgen, tun es ihnen bald auch Erwachsene gleich, und der Trampelpfad beginnt sich zu bilden. Preiswert in der Anlage und kostengünstig im Unterhalt, denn er wird von den Nutzern selbst in Stand gehalten.

Detailbeispiel Kräuterspirale

Einige Zeit waren Kräuterspiralen sehr in Mode. Diese äußerst hübschen Gestaltungsobjekte ergeben wunderbare geomantische Installationen. Wir haben die Möglichkeit, sie einwärts oder auswärts drehend zu bauen: Betrachten wir zunächst den Bau einer Kräuterspirale, die die Energie einwärts, der Mitte zu führt. Dazu müssen die Steine so gesetzt sein, dass der Yangpol des gewünschten Äthers bei jedem Stein näher zur Mitte der Spirale hin liegt, während der Yinpol nach außen weist. Dadurch wird der Äther nach innen gezogen. Platziert man die Spirale so, wie in Abbildung Seite 127 oben gezeigt, dass eine rechtsdrehende Wasserader auf das offene Spiralende zufließend den umschriebenen Kreis der Spirale tangential schneidet, wird der Effekt verstärkt. Setzt man einen Stein als Antenne in die Mitte der Spirale, wird sich die Ätherkraft und die aufmodulierte wohltuende rechtsdrehende Qualität der Wasserader von hier aus sternförmig in den Garten verbreiten.

Setzt man dagegen die Steine von ihrer Polarität her umgekehrt (untere Abbildung unten), so dreht sich die Spirale auswärts. Diesen Effekt kann man unterstützen, indem man ihr Zentrum zum Beispiel auf einer rechtsdrehenden Currygitterkreuzung (Diagonalgitterkreuzung) positioniert. Nun dreht die Ätherkraft sich aus der Spirale heraus und füllt in einer Spiraldrehung den Garten mit ihrer Präsenz. Setzt man in diesem Fall am Ende, dem tiefsten Punkt der Spirale, einen kleinen Teich, so speichert dieser die Energie und gibt sie sanft an die Umgebung ab. Wenn man als Äther den Feuer-Äther wählt, der sich im wässrigen Milieu des Teiches speichert, können so sehr angenehme Konstellationen geschaffen werden.

Eine Wasserader schneidet den Kreis tangential an, die gepolten Steine leiten den Ätherfluss der Mitte zu. Ein dort platzierter Stein fungiert als Sendeantenne.

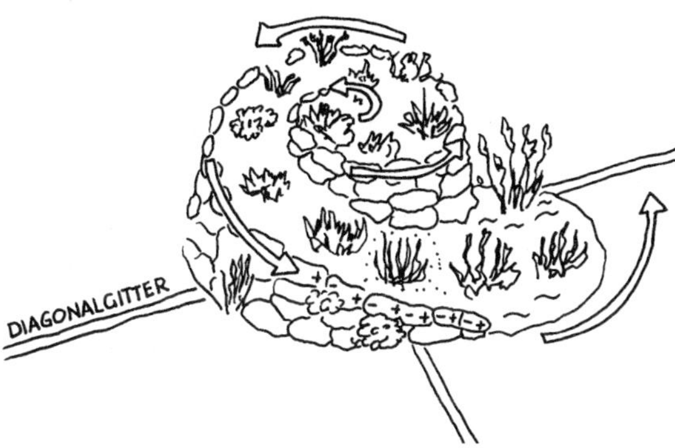

Die Mitte der Spirale auf eine Diagonalkreuzung gesetzt. Die gepolten Steine leiten die Energie in einer grossen Spirale in den Garten.

Speichern, Auf- und Entladung von Energien

Durch die richtige Handhabung des Steins lassen sich bestimmte Frequenzen eingeben oder löschen, potenzieren oder mildern.

Zunächst ist es wichtig zu beachten, wo ein Stein bearbeitet wird. Jede Erschütterung des Steins durch Hammerschläge, den Meißel oder die Vibrationen des Steinschneiders versetzt ihn kurzfristig in einen chaotisierten Zustand. Die feste Molekülstruktur rund um den Punkt der Erschütterung lockert sich ein wenig, wird so aufnahmefähig für neue Informationen bzw. lässt alte Informationen los. Dasselbe gilt für die Polarität des Steins und die gespeicherten Ätherkräfte.

Wird ein Stein auf einer linksdrehend polarisierten Wasserader bearbeitet, nimmt der Stein – je länger der Bearbeitungsprozess dauert, umso intensiver – die linksdrehenden Wellenlängen der Wasserader auf. Durch die mit den Bewegungsprozessen des fließenden Wassers mitbewegten Ätherkräfte (vor allem Luft-Äther) werden zudem die Hauptflussrichtungen der Äther (Polarität) innerhalb des Steins verändert. Durch die richtige Wahl des Bearbeitungsortes können aber auch wohltuende Frequenzen in den Stein übertragen werden. Nach einer Bearbeitung auf einer rechtsdrehenden Currygitterkreuzung (Diagonalgitterkreuzung) strahlt der Stein »Lebenskraft« ab.

Aber nicht nur, wo wir den Stein bearbeiten, ist wichtig, sondern auch wie. Unsere Gedanken bilden Schwingungsmuster, die sich bei der Arbeit am Stein auch auf diesen übertragen. Deshalb arbeiteten die Bauhütten auch »in einem Geiste«. Nur so war es möglich – manchmal über mehrere Generationen hinweg – einen »gleichklingenden« harmonischen Baukörper wie den einer Kathedrale zu schaffen. Die bearbeiteten Steine wurden sozusagen alle durch die gleichen Gedanken geprägt. Arbeitet man in einer Gruppe, ist es daher fundamental wichtig, diesen Gleichklang zu erzeugen. Ein Experiment möge dies verdeutlichen: Der Bildhauer und Radiästhet Joachim Lang ließ während eines Seminars eine Gruppe munter drauflosarbeiten. Die Mitglieder einer anderen Gruppe erhielten alle vor der Arbeit einen Schluck desselben Wassers, einen Bissen vom selben Brot und sollten für eine Minute gemeinsam eine vorgegebene Meditation ausüben. Das Ergebnis war überraschend: Die bearbeiteten Steine der »Bauhütten-Gruppe« hatten bis zu achtzig Prozent gleiche Frequenzen, während sich die Steine der Vergleichsgruppe in ihrem Wellenspektrum sehr unterschieden! »Die Energie folgt der Absicht« (Äthergesetz 10). Auch gedankliche Handlungen sind Handlungen!

Wie wir schon gesehen haben, laden sich vor allem quarzhaltige Steine stark mit den Energien des Ortes auf. Deshalb kann man durch gezielte Lagerung der Steine an »positiven Orten« einen angenehmen gemeinsamen energetischen Grundlevel schaffen. Allerdings ist die Energiespeicherung nach dieser Methode bei Steinen sehr viel langwieriger als bei losem Sand. Man sollte dazu die Geduld, Zeit (und natürlich das Geld) aufbringen, die Steine möglichst etliche Wochen auf dem Platz ruhen zu lassen. Einfacher ist es, Abfallsteine aus alten (historischen) Gebäuden zu verwenden. Kennt man den Standort des Hauses bzw. hat man das Baumaterial radiästhetisch geprüft, kann man so viel Geld sparen und erhält energetisch erstklassiges Material.

Wie Eike Hensch beschreibt, können Informationen in einen Stein hineingeklopft werden. Es sei daran erinnert, dass Maurer traditionell ihre Steine anklopfen. Vor allem beim Ritual der Ecksteinsetzung wird der Stein dreimal angeklopft, um so die guten Segenswünsche auf das Haus zu übertragen. Zur Vorgehensweise der Informationsübertragung auf Pflastersteinen bei römischen Straßen schreibt Hartmut Lüdeling: »Das Beispiel der Aufprägung mit der Information Beinwell weist uns den Weg. Bevor die Steine zur Erzeugung der stehenden Felder in ihre endgültige Position gebracht werden, nimmt man jeden einzelnen in die Hand und >beklopft< ihn. Dazu benötigt man ein Blatt oder eine Wurzel des Beinwells, legt darauf den Stein und hält beides in der linken Hand, so dass sich Pflanze und Stein dicht berühren. Dann wird mit der rechten Hand mit einem Hammer dreimal auf die Oberseite des Steines geklopft. Diese Prozedur wiederholt man mit jedem Stein des Systems. Anschließend kann man beobachten, dass die Schwingung des Beinwells in dem stehenden Feld nachweisbar ist. Baut man nach der gleichen Methode das zweite Feld auf, ist die Beinwellschwingung in der gesamten geomantischen Zone nachweisbar. Wichtig ist hierbei, das die Steine sofort nach dem Beklopfen gegen weitere Berührungen und Beschädigungen geschützt werden. Man vergräbt sie deshalb an Ort und Stelle, und zwar so tief wie möglich« (Hagia Chora, 2/1999: 37).

Umgekehrt verhält es sich mit der Informationslöschung. Wenn das Geld oder die Zeit nicht ausreicht, die Steine nach der beschriebenen Methode zu behandeln, und keine alten Steine aufzutreiben sind, ist man dennoch gezwungen auf Material aus den Baustofflager zurückzugreifen. Hier kann das Material (geomantisch) falsch gelagert worden sein. Deshalb ist es notwendig, auch Informationslöschungen vornehmen zu können. Dazu wird jeder einzelne Stein mehrmals möglichst unrhythmisch von allen Seiten mit einem Hammer beschlagen. Informationen, wie sie lediglich durch falsche Lagerung aufgenommen werden, also wenn der Stein nur wenige Monate dort gelegen ist, lassen sich so in der Regel löschen. Nicht zu löschen sind auf diese Art Frequenzen stärkerer Intensitäten. Hier empfiehlt es sich eher, anderes Material zu suchen.

Einige der beschriebenen Techniken scheinen zeit- und arbeitsaufwändig zu sein. Doch auch eine Kathedrale wurde nicht mit Fertigbetonsteinen aus dem Baumarkt geschaffen. Für einen Hausgarten empfiehlt sich diese intensive Arbeit allemal, für größere Planungen wie Parks genügt es oft, an geomantisch für die Gesamtanlage brisanten Stellen – quasi in homöopathischer Dosis – so zu bauen und andernorts wenigstens dafür zu sorgen, dass das verwendete Material eine gute Strahlungsqualität besitzt. Auch wenn es inzwischen einige geomantisch versierte Anbieter von Betonsteinen gibt, die strahlungsmäßig guten Beton verwenden und die Maße der Steine gar auf Feng-Shui-Glücksmaße ausrichten, ist stets zu bedenken, dass es einen geomantischen Garten nicht in Fertigbauweise gibt – das Paradies ist stets individuell.

Das Wasser

Die Symbolik des Wassers

Die archetypische Grundsymbolik des Wassers ist seine stete Veränderlichkeit. Es besitzt die Eigenschaft, Stoffe zu lösen, abzuwaschen, zu zersetzen. Damit scheint es der Symbolik des Steins diametral entgegengesetzt. Nichts am Wasser ist ewig, alles in Bewegung und steter Veränderung. So gilt das Wasser auch als das große Urchaos, der Zustand vor der Schöpfung: »Und der Geist Gottes schwebte über den Wassern ...« Im Ritus der christlichen Taufe wird der Täufling in diesen vorschöpferischen Zustand zurückversetzt, von der Erbsünde befreit und neu geboren. Auch andere Religionen kennen ähnliche Waschungs- und Reinigungszeremonien. Im japanischen Shintoismus gibt es den Ritus des »Misogi«, im Islam die so genannte kleine Reinigung, »Wudu« genannt, und im Ganges waschen sich noch heute zahllose gläubige Hindus. Auch die Totenwaschung hat diesen auflösenden Aspekt des Wassers als Hintergrund.

Gleichzeitig besitzt das Wasser die Eigenschaft, Stoffe aufzunehmen und zu binden. So gelten große Flüsse seit je als Sitze der Götter und Geister. »Tiberinus Pater« im Tiber, die Wassergeister des Neckar oder der Wassermann im Blautopf bei Blaubeuren sind nur drei Beispiele hierfür. Rund achtzig Prozent aller christlichen Wallfahrtsstätten liegen an heiligen Quellen und Wassern. Auch der Ritus des Besprengens mit Weihwasser zeugt von der Überzeugung, im Wasser könne eine heilige Energie gebunden werden.

Nicht zuletzt ist das Wasser ein Fruchtbarkeitssymbol. Die Weltenesche Yggdrasil besaß neben jeder ihrer Wurzeln einen Brunnen. Die Nornen begossen die Zweige der Esche täglich mit dem Wasser des lebensspendenden Urdbrunnens. Und auch Frau Holle bringt die Kinder aus einem Brunnen oder Teich in die Welt. Als Botentier der Großen Göttin gilt der Storch, der ihre heiligen Farben Schwarz, Weiß und Rot trägt und im Wasser fischt. Folgerichtig bringt der Storch die Kinder ...

In der Nähe von Landstuhl in der Pfalz befindet sich der so genannte Heidenfels, ein Findling, der das Relief der drei Matronen trägt. Neben ihm entspringt eine heilbringende Quelle. Nicht zuletzt trägt auch Maria als »Gottesgebärerin« das Wasser (»Meer«) in ihrem Namen.

Die Energie des Wassers

Es fällt nicht schwer, den großen Einfluss des Wassers auf den Menschen zu begreifen. Zumal, wenn man bedenkt, dass der Mensch, je nach Alter und Konstitution, zu 60 bis 80 Prozent aus Wasser besteht. Evolutionär gesehen sind wir aus dem Wasser entstanden, ja man kann sogar sagen, durch die hohe Konzentration des Wassers in unseren Zellen sind wir im Grunde bis heute Wasserwesen geblieben und sind daher mit dem Wasser voll resonanzfähig.

Die Wellenlänge (fließenden) Wassers liegt bei 33 Zentimetern (bzw. Oktaven davon). Eine der weit verbreiteten Maßeinheiten ist der »Fuß«, der je nach Kultur etwa 31 bis 34 Zentimeter misst – also genau im Schwingungsspektrum des Wassers. Alles, was wir, was unsere Ahnen bauten, lag also genau im Resonanzspektrum des Wassers, zumal, wenn man eine gewisse Bandbreite in der Resonanzfähigkeit des Baumaterials berücksichtigt. Und auch heute ist es nicht anders. Wir rechnen heute – mit Ausnahme des angelsächsischen Raumes – überwiegend in Metern und meinen damit einen Bruchteil (Oktave!) des

Erdumfangs, aber: Ein Meter entspricht drei Fuß! Oder wie es Albrecht Kottmann etwas provokativ ausdrückte: »Das Meter ist viertausend Jahre alt« (1981: 8). Seine Arbeiten und Studien belegen sehr gut, dass über Jahrhunderte, ja Jahrtausende hinweg die Multiplizierung des Fußes mit drei in Gebäudeabmessungen üblich war und dass die Grundidee des Meters damit viel weiter als bis zur Französischen Revolution zurückreicht.

Selbst die Vermutung, die am häufigsten verwendete Maßeinheit von einem 33,3 Zentimeter langen Fuß beruhe auf dem harmonikalen Maß von drei Fünfteln einer neubabylonischen Elle (mit 55,5 Zentimetern), zeigt nur, dass stets die Resonanzfähigkeit des Maßes mit dem Wasser im Vordergrund stand, denn auch dieses Maß ist eine Oktave der Wellenlänge fließenden Wassers.

Auch über die rein physikalische Beziehung von lebenden Wesen (allesamt »Wasserwesen«) zum Wasser hinaus gilt das Wasser als Träger der Lebenskraft, wie wir aus dem mit dem Wasser verbundenen Brauchtum und den Kulten sehen konnten.

Die Chinesen sagen, Wasser habe die Eigenschaft, Qi zu speichern. Wilhelm Reich formulierte eine wechselseitige Anziehungskraft von Wasser und Orgon. Oder, wie ich es in den Äthergesetzen formuliert habe, Wasser und Äther binden sich wechselseitig. Daher gelten Standorte an Bächen und Flüssen auch als besonders energiereich. Stehende Gewässer sind zwar, wie wir weiter unten noch sehen werden, ebenfalls Qi-Speicher, doch besteht bei ihnen stets die Gefahr der »Energieermüdung«, des Umkippens, wenn nicht etwa durch unterirdische Speisung frisches, energiegeladenes Wasser nachströmt.

Doch auch diese Gesetzmäßigkeit beschreibt noch nicht vollständig die energetischen Eigenschaften des Wassers. Und an dieser Stelle ist es Zeit, ein weiteres Äthergesetz einzuführen: Der Äther bindet sich in zentripetalen und löst sich in zentrifugalen Wirbeln.

Am 30. Juni 1885 wurde in Oberösterreich ein Mann geboren, der das Wasser und seine energetischen Grundgesetze zu seinem Lebensinhalt machen sollte: Viktor Schauberger.

Schauberger stammte aus einer Familie von Förstern, doch entgegen dem Willen seines Vaters und dem Vorbild seiner beiden älteren Brüder weigerte er sich entschieden, eine Universität zu besuchen. Er befürchtete, dadurch sein »freies Denken«, seine »kindliche Schau« zu verlieren, die er als unabdingbar für das wirkliche Verständnis von Naturgesetzen ansah. So schlug er die Laufbahn eines Forstaufsehers ein und verbrachte täglich viele Stunden in der freien Natur. Hier hatte er auch eines seiner Schlüsselerlebnisse, das ihn niemals wieder loslassen sollte: an einem kalten Wintertag scheuchte er im Vorübergehen durch seinen Schatten eine im reißenden Gebirgsbach still stehende Forelle auf. Entgegen allen Erwartungen schoss diese gegen die Flussrichtung bachaufwärts davon.

Später schrieb er, sich dieses Erlebnisses entsinnend, über die Fragen, die ihm damals durch den Kopf schossen: »Wie kommt diese Forelle (...) an diese Stelle, die durch einen etwa einen Kilometer weiter unten befindlichen und ca. einhundert Meter hohen Wasserfall unterbunden war?« (1967: 29). »Wie ist es möglich, dass diese Fische in diesem Gebirgswasser bewegungslos stehen, wo doch das wildreißende Wasser den Gebirgsstock so ins Schwingen brachte, dass er kaum zu halten war? Wie ist es zu erklären, dass die aufgescheuchten Forellen allen Schwerkraftgesetzten zum Hohn wie ein geölter Blitz stromaufwärts fliehen können?« (1972: 27).

Erst nach vielen Jahren erkannte er die zugrunde liegenden Wirbelgesetze des Wassers, die die Aufnahme und Abgabe von Ätherkräften ins Wasser regeln, und erfuhr die den Ätherkräften innewohnende Bewusstseinsqualität, das heißt die Eigenschaft des Äthers, als Mittler zwischen Geist und Materie zu wirken und bei starker Sammlung folglich auch das Bewusstsein an sich zu ziehen. Er schrieb: »Erst nach Jahren wurde ich gewahr, dass dieses rinnende Wasser unser Bewusstsein magnetisch anzieht und ein Stück mitnimmt. Es ist eine Kraft, die so stark wirken kann, dass man das eigene Bewusstsein vorübergehend verliert und unfreiwillig tief einschläft« (1977: 1). Viktor Schauberger war einer der großen Ökologen unseres Jahrhunderts. Früh erkannte er den Wahnsinn des Kahlschlags der Wälder und die Absurdität des gebräuchlichen Wasserbaus, die, wie wir gleich sehen werden, selbst dem Umland Lebenskräfte entzieht.

Die Grundlagen des energetischen Wasserbaus

Der Temperaturgradient

Die wichtigste Voraussetzung für ein kräftiges, energiegeladenes, lebendiges und damit lebensspendendes Wasser ist seine Temperatur respektive sein so genannter Temperaturgradient.

Das Wasser weist bei 4 Grad Celsius eine Dichteanomalie auf. Wasser verdichtet sich bei Abkühlung mehr und mehr, wobei gleichzeitig der Energiegehalt sowohl physikalisch als auch ätherisch betrachtet stetig zunimmt. Bei 4 Grad Celsius besitzt das Wasser seine größte Dichte und damit seinen energetischsten Zustand. Unterhalb von 4 Grad nimmt die Dichte und damit der Energiegehalt wieder ab. Diese so genannte Dichteanomalie (alle anderen gängigen Stoffe nehmen mit sinkender Temperatur bis zum absoluten Nullpunkt in ihrer Dichte stetig zu!) bewirkt, dass Gewässer von oben her zufrieren, da Wasser mit 4 Grad Celsius in seiner größten Dichte nach unten sinkt. Nur so ist ein Überleben der Wasserorganismen in vielen Gewässern im Winter überhaupt möglich.

Ein positiver Temperaturgradient und damit eine Aufnahme ätherischer Kräfte ist daher gegeben, wenn die Temperatur des Wassers abnimmt und seine Dichte nahe dem Anomaliepunkt von 4 Grad zunimmt, die Dichte und Temperatur auf dem Gefrierpunkt und unterhalb davon aufwärts in Richtung 4 Grad ansteigt oder die Wassertemperatur kälter als die Lufttemperatur ist.

Im jeweils umgekehrten Fall gibt das Wasser Ätherkräfte frei. Nun ist es nicht mehr schwer zu verstehen, was passiert, wenn Auenwälder, die die Fließgewässer beschatten, Ackerflächen weichen: Durch die fehlende Beschattung heizt sich das Wasser auf und gibt Energie, sprich »Lebenskräfte«, an die Umgebung ab. Der Ertrag der Flächen steigt durch das Überangebot an diesen Kräften zunächst an, bis er durch mangelnden Nachschub nachlässt und nur noch mit Kunstdünger aufrechterhalten werden kann. Durch die Schwächung der Vitalität des Bodens werden diese Kunstprodukte zunehmend ausgeschwemmt, gelangen ins Wasser und mindern dessen Vitalität. Ein Teufelskreis setzt ein. Energiereiches Wasser zu schaffen, bedeutet daher zu allererst, für Beschattung und Kühlung zu sorgen.

Wirbelbildung im Strömungsprofil

Ein physikalisches Gesetz besagt, dass bei einer wirbelnden Bewegung die energetische Wirkung umso stärker und die Masse umso größer wird, je enger der Radius und je höher die Winkelbeschleunigung und Periodizität (= Frequenz) ist und umgekehrt.

Bei einer implosiven Wirbelbewegung, wie sie Viktor Schauberger verstand, verkleinert sich der Aktionsradius beständig, wodurch es zu einer automatischen Zunahme der Winkelbeschleunigung und damit zu einer Verstärkung der Energieeinwirkung kommt. Somit ziehen implosive, zentripetal gerichtete Wirbel, wie im Äthergesetz beschrieben, auch Ätherkräfte an. In einem gesunden, vitalen Fließgewäs-

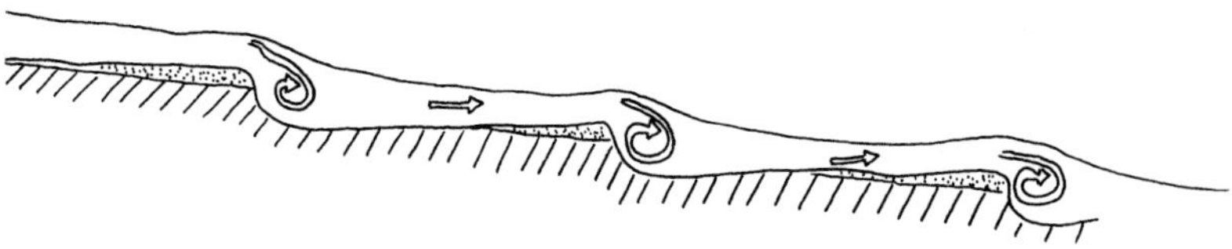

Querwirbel und Kaskadenbildung.

ser wechseln zentripetal und zentrifugal gerichtete Wirbel einander beständig ab. Es kommt zu einem Zusammenziehen und Loslassen von Lebensenergie, dem Reichschen »Pulsen der Lebenskraft« gleich. Das Wasser besitzt sozusagen einen Herzschlag. Dieser wird durch das Strömungsprofil erzeugt, der das Wasser in Wirbelprozesse bringt. So entstehen kaskadenartige Strukturen, die wiederum das Wasser zur Bildung von Querwirbeln veranlassen (Abbildung oben). Darüber hinaus bilden sich aber auch Längswirbel etwa in der Flussmitte, vor allem dort, wo die Wassertemperatur dem Anomaliepunkt am nächsten kommt. Dies ist auch der Grund für das Verhalten der Forellen: In den Längswirbeln ist das Wasser am dichtesten und energiereichsten. Die ideale Stromlinienform des Forellenkörpers ermöglicht es den Tieren, in dieser energiereichen Zone zu verbleiben und Energie aufzutanken. Werden sie gestört, verändern sie durch leichtes Aufstellen der Flossen die Strömungsstruktur ihres Körpers. Dadurch kommt es zu einer weiteren Wirbelbildung, die schlagartig hinter dem Körper Energie anzieht und die Forelle wie eine Kanonenkugel entgegen der Strömungsrichtung des Wassers davonschließen lässt.

Wirbel im Wasser mischen dieses nicht nur, sondern kühlen es zugleich ab. Wie oben gezeigt, verlaufen in der Flussmitte Längs- oder Longitudinalwirbel. Wie Callum Coats schreibt (1999: 247f.), verkörpern sie die Strukturbildung in jenen Energien, die für die Sedimentaufnahme und den -abtransport nötig sind und ohne die der Flusslauf verschlammen würde. »Zugleich sind sie die Gebilde, die die entgegengesetzt strömende Levitationsenergie, die immaterielle Psyche eines Wasserlaufs, erzeugen und verstärken« (1999: 248).

Das Strömungsprofil und die Bildung dieser Längswirbel sind daher auch unmittelbar mit der Temperatur des Wassers verbunden. Nähert sich ein Längswirbel einer seichteren Wasserstelle, zum Beispiel einer Furt, so lässt die Strömung nach. Das Wasser erwärmt sich im nun flacheren Flussbett, dadurch verliert es an Energie und beginnt Sedimente abzulagern. Gleichzeitig werden Ätherkräfte, lebensstärkende Energie, senkrecht zur Strömungsrichtung abgegeben.

Natürlicherweise mäandrieren Fließgewässer, sie wechseln ihren Lauf von einer Links- in eine Rechtskurve. Dadurch wird auch der energiereiche Längswirbel, sozusagen das Rückgrat des Wasserdrachens, beständig von der einen zur andern Uferseite gedrängt. Zwischen den Seitenwechseln ist der Fluss am seichtesten, hier wird nach obigem Schema Energie an die Umgebung abgegeben, in den Kurven folgerichtig aufgenommen. Unterbindet man den Schlängellauf und begradigt Fließgewässer, kommt es zu einer stetigen Energieabgabe – »der Drache stirbt«!

Die Wirbelbildung in Gewässern hat aber noch weitere sekundäre Energieeffekte: Durch die Wasserbewegung werden mitgeführte Steine mitbewegt und treffen aufeinander. Schlagen zwei kristalline Steine mit gleicher Zusammensetzung aneinander, kommt es zu einer Entladung gespeicherter Energien. So nährt ein vitaler Flusslauf energetisch beständig seine Umgebung und sich selbst durch sein Geschiebe.

Nicht von Vorteil sind dagegen so genannte vertikale Querwirbel, also Wirbelbildungen, die quer zur Strömungsrichtung verlaufen und dabei senkrecht stehen (Abbildung gegenüber). Sie bilden sich vor allem bei übermäßiger lokaler Erwärmung des Wassers. Sie wirken nicht nur schwächend auf das Energiegefüge des Wassers, sondern geben zudem wiederum senkrecht zur Wirbelachse und somit eine horizontal verlaufende Strahlung ab, die für die Umgebung schädlich, »linksdrehend«, ist. Es mag sein, dass dies einer der Gründe dafür ist, warum es im Feng Shui als schlecht angesehen wird, in der Nähe solcher Strudel zu leben.
Wir können nun verstehen, welche verheerende Wirkung unser Ingenieur-Wasserbau auf die Lebenskräfte unseres Planeten hat: Auenwälder werden abgeholzt, die Ufer landwirtschaftlich genutzt, die Flüsse begradigt. Alle dies führt zu Erwärmung und permanentem Energieverlust.

Energetischer Wasserbau

Wie kann man die beschriebenen energetischen Gesetzmäßigkeiten in der Praxis nutzen? Zunächst einmal sollte man dafür sorgen, dass das Wasser möglichst kühl und beschattet ist, was auch einer Veralgung entgegenwirkt. Haben Sie auf Ihrem Grundstück bereits einen begradigten Wasserlauf, der zudem ungeschützt der Sonne ausgesetzt ist, können Sie Beschattung und Schlängellauf wieder in Einklang bringen:

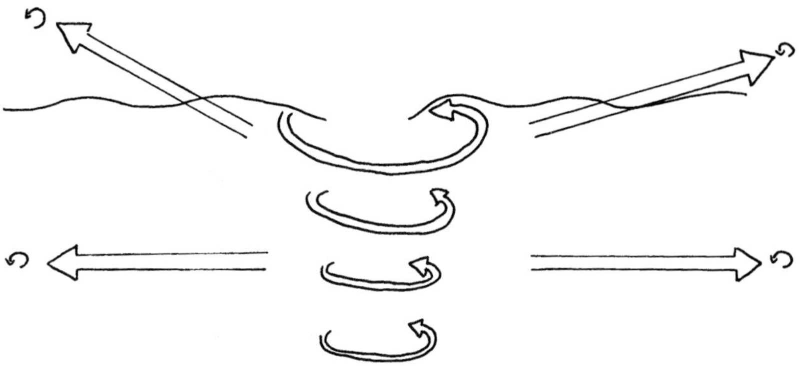

Linksdrehende Abstrahlung an vertikalen Querwirbeln.

Wie beschrieben ist der energiereichste, dichteste, weil kühlste Wasserteil der Längswirbel, der normalerweise von der einen zur anderen Seite pulst. Am »Prallhang« ist er dem Ufer stets näher als am »Gleithang« der Biegung. Daher sollte auch am Prallhang das Wasser stets kühler sein. Wechselt man daher mit der Beschattung von der einen zur anderen Seite und lässt Veränderungen des Wasserlaufs zu, wird durch die wechselseitige Kühlung und Erwärmung der Wasserlauf von allein zu mäandrieren beginnen (Abbildung Seite 138). Möchte man dies gestalterisch unterstützen, kann man einen Rhythmus durch Grabungen vorgeben. Bei Renaturierungen natürlicher Fließgewässer sollte man dabei unbedingt den früheren Rhythmus wiederfinden. Nur dieser ist auf die Umgebung abgestimmt! Daher sollte man dem Wasser möglichst viel Spielraum lassen, damit es selbst zu seinem Rhythmus zurückfindet.

Bei künstlichen Fließgewässern hat man ebenfalls Einfluss auf diesen Rhythmus und damit die Grundfrequenz des Baches: Zwischen den Extrempunkten der Prallhänge am linken und rechten Flussufer wechselt das Wasser seine Fließrichtung von einer Links- in eine Rechtskurve oder umgekehrt und gibt an diesen Stellen Lebensenergie an die Umgebung ab. Daher stellen Furten sozusagen Energiequellen dar! Wahrscheinlich ist dies einer der Gründe – neben der Gefährlichkeit der Durchquerung einer Furt –, warum an diesen Stellen in früheren Zeiten häufig Opfergaben niedergelegt wurden.

Die Abstände dieser »Energiezentren« entsprechen in ihrem Rhythmus einer Wellenlänge. An natürlichen Fließgewässern kann so die »geistige Frequenz« des Flusses ermittelt werden, an künstlichen

Die Beschattung der Prallhänge sorgt für eine energetische Optimierung des Fließgewässers.

Fließgewässern kann sie so vorgegeben werden. Ein Beispiel: Die in der Radiästhesie gebräuchliche Wellenlänge für »Lebenskraft« (entsprechend einer Oktave der Farbe Grün) ist der Lecherwert 6,9. Dies entspricht ungefähr 27,6 Zentimeter. Möchte ich auf meinem Grundstück die Information »Lebenskraft« über die Gestaltung des Wasserlaufs verankern, wähle ich eine Oktave dieser Wellenlänge und setze zum Beispiel (4 mal 27,6) alle rund 110,4 Zentimeter (oder größer: 220,8 Zentimeter; 441,6 Zentimeter usw.) einen Prallhang auf der jeweils anderen Uferseite. Natürlich muss stets bedacht werden, dass der Wasserlauf ein lebendiger Organismus ist. So darf die Gestaltung nicht mathematisch exakt eine Sinuskurve bilden, sondern muss mit viel Intuition erspürt werden.

Eine Variante dieses Prinzips lässt sich am Längswirbel selbst, der »Primärader«, vollziehen. Wie Gerald Jaksch in seiner langjährigen Praxis in der Wassergestaltung nach den Prinzipien Schaubergers ermittelt hat und nun lehrt, bilden zwei mit bzw. gegen die Fließrichtung des Wassers gerichtete Stegpaare, wie in der Abbildung gegenüber dargestellt, zwischen sich eine Primärader mit doppelt gedrehtem Schnürbild. Durch die Veränderung des Abstandes der beiden Stegtypen A und B zueinander im Verhältnis zur Fließgeschwindigkeit des Wassers beginnt die Primärader zu pulsen. Der Abstand zwischen zwei Hauptknoten des Stranges (λ) ist die »lebenserzeugende Proportion«, wie sie Gerald Jaksch nennt, das Grundmaß. Das bedeutet, dass die Länge (Abstand A zu B) und die Fließgeschwindigkeit eine Frequenz ergeben, die

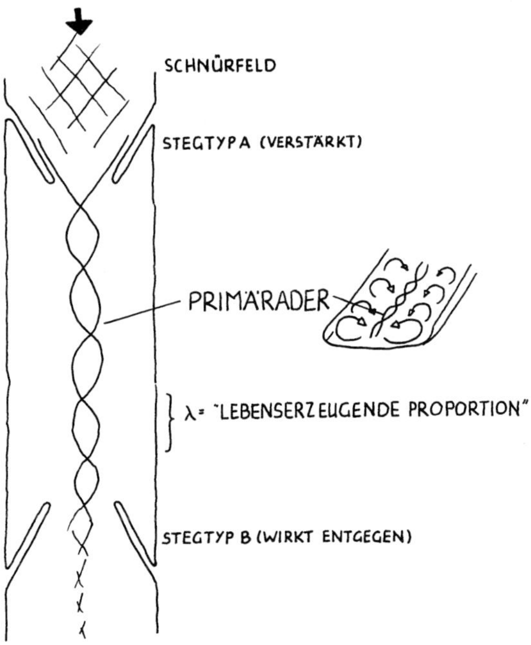

Primäraderbildung nach Gerald Jaksch. Der Abstand der Stegtypen A und B im Verhältnis zur Fließgeschwindigkeit erzeugt eine Frequenz, die sich in den Abständen der Hauptknoten (λ) wiederfindet.

sich in den Abständen der Hauptknoten in oktavierter Form wiederfindet und ebenso als Ton oder Farbe gedeutet werden kann.

Praktisch bedeutet dies, dass der Abstand zwischen den Stegtypen A und B, der vom Wasser in einer Sekunde durchflossen wird, eine Frequenz von 1 Hertz erzeugt; wird derselbe Abstand in 2 Sekunden durchflossen, entspricht dies 0,5 Hertz usw. Auf diese Weise sind alle beliebigen Frequenzen (Farben, Töne) errechen- und gestaltbar.

Doch auch hier lässt sich nicht alles rein mathematisch erkennen. Wiederum braucht es viel Fingerspitzengefühl und Intuition, um die gewünschte Frequenz zu erreichen.

Um den Temperaturgradienten eines Fließgewässers zu verbessern und Wirbelbildungen anzuregen, kann man mit technischen Maßnahmen eingreifen. Viktor Schauberger selbst entwickelte 1927 ein zum Patent angemeldetes »strömungsablenkendes Leitprofil«, um Längswirbel künstlich zu erzeugen. Mit ihnen werden in Linkskurven eines Flusses sich gegen den Uhrzeigersinn drehende Wirbel und in Rechtskurven, sich im Uhrzeigersinn drehende Wirbel erzeugt. Eine andere Möglichkeit ist die Einbringung von eiförmigen Energiekörpern, die vorne und hinten mit kleinen Löchern versehen sind. Am einfachsten und natürlichsten aber gestaltet man das Wasserbett mit großen Steinen und Findlingen. Nutzt man hierzu metallhaltige Steine und Steine aus Silizium (z. B. Sandstein), lässt sich die Bildung von Wirbeln und die feinenergetische Aufladung des Wasserlaufs noch erheblich erhöhen.

Arbeit mit Symbolen

Der Energiequelleneffekt an »Furten« lässt sich hervorragend nutzen, um den entströmenden Ätherkräften bestimmte geistige Informationen aufzumodulieren. Voraussetzung ist selbstverständlich, dass das Wasser vital ist und Zonen der Energieabgabe mit Zonen der Energieaufnahme abwechseln, um ein natürliches, vitales Pulsen zu erreichen.

Setzt man an der Stelle des Richtungswechsels eines Mäanders ein Symbol, so wird sich der geistige Gehalt des Symbols unmittelbar auf die ausgeströmte vitalenergetische Kraft des Wassers (Äther) aufmodulieren und senkrecht zur Fließrichtung im Garten verbreiten. Möchte man dagegen ein Fließgewässer mit Vitalkraft aufladen, so lohnt es sich hier auch die Richtung des Wasserstroms zu betrachten. In der Umkehrung zum oben Gesagten muss in diesem Fall natürlich die Energieqalität des Umlandes positiv und das Energieniveau relativ hoch sein, da ansonsten eine sinkende Lebensenergie der Fließgewässerumgebung die Folge wäre.

Nach Callum Coats bewirkt eine Hauptfließrichtung von West nach Ost – also entgegen der Sonnenbahn –, dass jedes einzelne »Wasserpaket« an der Sonne schneller vorüberfließt und folglich weniger be-

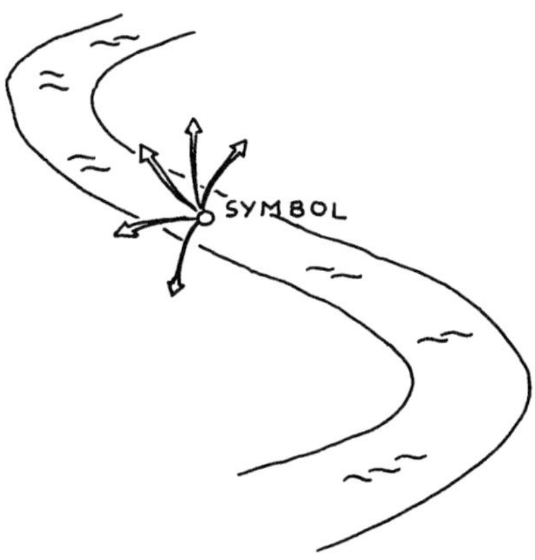

An einer Furt im Wechsel zwischen einem Links- und einem Rechtsbogen gibt das Wasser Energie frei. Ein hier eingelassenes Symbol moduliert auf die frei werdenden Ätherkräfte eine geistige Information auf.

schienen und erwärmt wird. Das Wasser kann so besser Lebensenergie aus dem Umfeld aufnehmen (und flussabwärts wiederum mehr abgeben), als wenn das Wasser von Ost nach West – mit der Sonne – fließt. Bei in Nord-Süd-Richtung ausgerichteten Gewässerbetten dagegen macht sich die Erdrotation bemerkbar: Das Wasser wird verstärkt an die Westseite gedrückt. Die Hauptströmung erfolgt so entlang des Westufers (welches daher verstärkt Bestattung benötigt). Somit wird im Westen mehr Energie umgesetzt (aufgenommen und abgegeben je nach Fließgeschwindigkeit und Erwärmung usw.) als im Osten des Wasserlaufs.

Natürlich ist die Richtungswirkung im Kleingarten nur ideell, bewirkt aber bereits im Parkanlagen Unterschiede im Energieniveau.

Aufbau von Vertikalphänomenen durch Wasserführung

Wie wir schon im ersten Teil des Buches sehen konnten, nutzte unter anderem Friedrich Ludwig von Sckell die energetische Wirkung von Bachschlaufen, um vertikale Äthersäulen und einstrahlende Punkte zu schaffen. In einer Fluss- oder Bachschlaufe kommt es im energetischen Schwerpunkt zu einer Kumulation von Ätherkräften. Platziert man hier eine Sitzrotunde, etwa in Form einer römischen Exedra wie im Englischen Garten in München, wird die Kraft abermals im Brennpunkt fokussiert, und es entsteht eine Vertikalsäule, eine Axis Mundi. Einen ähnlichen Effekt hat die Pflanzung eines Baumes oder die Aufstellung einer Stele an diesem Ort. Als Vertikalantennen strahlen diese die aufgenommene Ätherkraft zudem in der Horizontalen ab. Auf der Stele eingemeißelte Symbole oder unter ihr vergrabene »Zeugen« kön-

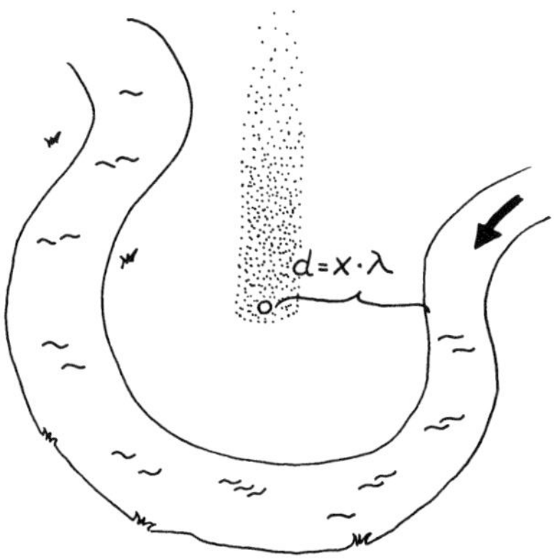

Frequenzbeeinflussung einer Axis Mundi durch den Radius (δ) eines Wasserumlaufs.

nen weitere energetische Qualitäten aufmodulieren. Die Qualität der Abstrahlung wird auch durch den Mäanderrhythmus des Wassers sowie den Durchmesser der Fließschlaufe bestimmt. Erfahrungsgemäß optimiert sich die energetische Situation, wenn das Wasser die »Landzunge« entgegen dem Uhrzeigersinn umfließt.

Brunnen und Teiche

Wenden wir uns nun stehenden Gewässern und gänzlich künstlichen Wasseranlagen zu. Beiden ist – zumindest bei kleinen stehenden Gewässern, wie dem klassischen Gartenteich – gemein, dass sie keine natürlichen Frischwasserzuflüsse besitzen. Somit stellt meist der Verbrauch der im Wasser enthaltenen Ätherkräfte das Hauptproblem dar. Wenn man Gartenteiche oder auch Brunnenanlagen anlegt, die Fließgewässer nachahmen, sollte man sich zu allererst Gedanken über die Qualität des Wassers machen. Am besten füllt man ein solches Becken mit frischem Quellwasser. Doch nicht immer ist dieses leicht in der gewünschten Mengen zu bekommen. Daher kann man die allgemeine Wasserqualität durch einige Maßnahmen erhöhen: Die natürlichste Variante ist die Sammlung von Regenwasser, das den Prozess des Wasserkreislaufs durchlaufen hat und in großen Höhen relativ gut mit Ätherkräften aufgeladen wurde. Hier sollte man dafür sorgen, dass das Regenwasser möglichst direkt in den Teich geleitet wird und dass überschüssiges Wasser abfließen kann. Wird das Regenwasser zuvor gesammelt, sollte man darauf achten, dass das Sammelbecken möglichst aus natürlichen Materialien besteht, so dass das aufgeladene Wasser sich nicht etwa durch Metalltanks wieder entlädt.

Leider aber wird auch unser Regenwasser energetisch immer schlechter, da das Wasser meist nicht mehr vollständig den großen Wasserkreislauf durchwandert und dabei in sehr große Tiefen sowie sehr große Höhen getragen wird, sondern oft nur noch von der Erdoberfläche in geringe Höhen gesogen wird, um dort rasch wieder abzuregnen. Daher sind oft zusätzliche Maßnahmen zur Hebung der vitalenergetischen Kraft des Wassers ratsam.

Mit gutem Erfolg lassen sich die Plocher-Energiesysteme einsetzen. Dabei handelt es sich entweder um »informierte« Metalle in versenkbaren Röhren, die eine bestimmte geistige Information an das Wasser abgeben und somit in die ätherische Ebene der Bildekräfte eingreifen, oder um ebenso »informiertes« Quarzmehl, das in den Teich gestreut wird. Eine andere gute Methode sind so genannte Tesla-Pur-

purplatten, die man am Einlauf des Regenwassers in den Teich so positioniert, dass das einfließende Wasser über die Platte hinwegfließt. Je nach Teichgröße sollte man verschieden große Platten verwenden. Sie liegen in einem Kostenrahmen von 40 bis 100 Mark. Alternativ dazu kann man das Regenwasser auch über eine kleine Glasampulle leiten, die mit Bachblüten-Notfalltropfen gefüllt ist. Auch hierdurch hebt sich vitalenergetische Kraft des Wassers im Teich bald an. Allerdings ist dann dafür zu sorgen, dass der Inhalt des Fläschchens etwa halbjährlich erneuert wird. Daher sollte man eine Vorrichtung zur leichten Entnahme der Ampulle einbauen.

Bei künstlichen Nachahmungen von Fließgewässern, zum Beispiel in Brunnenanlagen, kann man durch entsprechende Formgebung dafür sorgen, dass sich das Wasser durch seine Bewegung selbst auflädt. Besonders hervorzuheben sind hier die »Flowforms« nach John Wilkes. Dabei handelt es sich um annähernd herzförmige Becken, die hintereinander geschaltet werden können und allein durch ihre Form eine starke Primäraderbildung (Längswirbel) hervorbringen, so dass das Wasser sichtbar ins Pulsen einer wechselseitigen Drehrichtung gerät. Gerinne in solcher Perfektion sind schwer selber zu bauen. Es gibt aber im deutschsprachigen Raum mehrere Anbieter fertiger Flowforms oder Spezialisten, die individuell geplante Fließformen schaffen, wie den Österreicher Gerald Jaksch.

Durch die Pulsbewegung und starke Wirbelbildung wird das Wasser sehr stark mit Ätherkräften aufgeladen. Deshalb ist es von großer Wichtigkeit, den Standort einer Flowform geomantisch richtig zu bestimmen, um nicht gegenteilige Effekte zu erzielen. Friedrich Ludwig von Sckell ermahnte eingedenk dieser Tatsache die Gartengestalter, stehende Gewässer niemals vor Krankenhäusern anzulegen, denn diese würden die »Miasmen«, die negativen, verbrauchten Ätherkräfte, der Kranken speichern.

Ein großes Problem bei solchen in geschlossenen Fließsystemen verwendeten Flowforms stellt die Pumpe dar, die das Wasser zum Einlauf zurückführt. Hier gerät das Wasser unter großen Druck, so dass Zentrifugalkräfte einsetzen und aufgeladene Ätherkräfte wieder entweichen. Aus geomantischer Sicht besser ist daher die Verwendung von Saugpumpen, die allerdings um ein Vielfaches teurer sind.

Die Pumpen erzeugen so oder so ein starkes elektromagnetisches Feld, das die feinstofflichen Kräfte im Wasser negativ beeinflussen kann. Man sollte daher darauf achten, den Motor so weit wie irgend möglich vom Wasserlauf entfernt zu positionieren. Auf jeden Fall sollte man ihn auf einen – radiästhetisch – möglichst neutralen Punkt stellen, damit sich die Auswirkung dieses technischen Störers nicht noch erhöht. Hat man die energetischen Qualitäten des Wassers in dieser Weise optimiert, wird es zu einem guten Resonator, der seinerseits das Energieniveau des Gartenraumes erheblich zu verbessern in der Lage ist.

Vom Ming Tang zur Ätherpumpe

Eines der klassischen Gestaltungsmittel des Feng Shui ist der Ming Tang. Allgemein versteht man darunter eine Freifläche oder gar Senke, in der sich Qi sammeln kann, um die Bewohner stets mit frischen Lebenskräften zu versorgen. Im Spezifischen aber ist es meist ein Teich, denn das Wasser hat, wie nun ausführlich beschrieben, die Eigenschaft, das Qi besonders gut und leicht zu speichern. In vielen Feng-Shui-Büchern wird geschrieben, dieser Ming Tang müsse sich stets im Süden des Hauses befinden. Dies ist, mit Verlaub, ein aus einer allgemeinen Faustregel abgeleiteter Nonsens. Sicherlich ist die Südenergie, also das aus der südlichen Himmelsrichtung »einströmende« Qi allgemein als positiv zu bewerten, doch ist dies zum einen nicht die einzige nutzbare Qualität, zum andern sollte man sehr genau darauf achten, wie die lokale Richtungsqualität beschaffen ist. Wenn bei Ihnen im Süden ein Parkplatz liegt, an dem täglich Hunderte von Autos ihre Abgase abgeben, oder gar die Kläranlage der Stadt die Qualität dieser Richtung beeinflusst, wäre diese Wahl wohl kaum die richtige. Denn das Wasser denkt nicht, es speichert, was ihm angeboten wird. In der indischen Geomantie des Vastu beispielsweise wird der Nordosten als Richtung für ein Gewässer besonders gelobt. Und in Peking selbst wurde ein riesiger künstlicher See für den Kaiserpalast geschaffen, der das Feng Shui des Himmelssohnes stärken sollte – und dieser liegt im Nordwesten der verbotenen Stadt! Denn diese Richtung wird mit Autorität und Macht assoziiert, die man dem Kaiser zufließen lassen wollte.

Wir werden später noch näher auf Richtungen und ihre Qualitäten eingehen; hier reicht es festzustellen, dass man stets die lokalen Gegebenheiten gut prüfen muss, ehe man den Standort für den Ming Tang, den »Qi-Speicher«, festlegt.

Unbedingt sollte man dabei auch auf die Beschaffenheit des (unsichtbaren) Untergrundes achten. Eine linksdrehende Wasserader unter dem neu angelegten Teich wird die Qi-Qualität kaum verbessern.

Umgekehrt kann eine rechtsdrehende Wasserader die positiven energetischen Eigenschaften des Teichs um ein Vielfaches potenzieren. Bei dem vom Architekten Georg Thurn-Valsassina in Rastenberg im Waldviertel geomantisch geplanten und gebauten Seminarhaus »Die Lichtung« wurde der Ming Tang, der den Zentralbau des Tagungshauses umfasst, über eine hochintensive, rechtsdrehend polarisierte Wasserader gesetzt. Und obwohl der Teich allein durch das einfallende Regenwasser gespeist wird, besteht er seit Jahren, ohne dass er veralgt oder gar umgekippt wäre!

Beim Bau des Teichs sollte man vorsichtshalber auf den Einsatz (vor allem schwarzer) Teichfolie verzichten. Diese kann nämlich die von der Wasserader rechtsdrehend ausgesandten Frequenzen (je nach Herstellerfirma unterschiedlich stark) umpolarisieren und sie lebensfeindlich werden lassen. Ein sichererer Weg ist, den Teich vom Fachmann mit Blähton bauen zu lassen.

Die Aufladung des Ming Tangs mit Ätherkräften lässt sich noch erheblich steigern, wenn man die Erkenntnisse Wilhelm Reichs berücksichtigt. In seinen späten Jahren hatte Reich festgestellt, dass lange Metallrohre die Eigenschaft besitzen, Orgon (Ätherkräfte) anzuziehen. Diese Eigenschaft kann man sich geomantisch zunutze machen, indem man ins Wasser im Uferbereich ein solches Rohr einbringt. Gut geeignet ist vor allem Eisen. Je länger das Rohr aus dem Wasser herausragt, um so stärker zieht es Ätherkräfte an und speichert sie im Wasser. Doch das Viel kann schnell zu einem Zuviel werden! Zudem sind meterhohe Eisenmasten im Teich nicht unbedingt ästhetisch. Ich denke hier eher an ein Rohr, das nicht viel mehr als 50 Zentimeter aus dem Teich herausragt und das hinter Findlingen gut zu verstecken ist. Durch eine fein abgestimmte Justierung lässt sich zudem die Länge des Rohres auf verschiedene Äther (z. B. der vier Elemente) eichen. Der Durchmesser des Rohrs moduliert dabei den eingesogenen Ätherkräften eine weitere (geistige) Information auf, die ebenfalls im Teich gespeichert wird. Eine gute Abstimmung des Durchmessers ist daher ratsam.

Während Teiche eher das Yinelement im Garten betonen, können Springbrunnen durch ihre Dynamik das Yangelement stärken. Für die Abstimmung ihres Rohrs gilt das bereits oben Gesagte. Platziert man den Springbrunnen zudem, wie beim Umgang mit Bäumen beschrieben, auf einem Kreuzungspunkt zweier gleichfrequenter Zonen, zum Beispiel zweier Globalnetzgitter (Hartmanngitter), so erzeugt die Fontäne im Zusammenklang mit der sich über Kreuzungsphänomenen bildenden Strahlungsspindel ein vertikales Energiephänomen – eine Axis Mundi. Historische Beispiele dafür sind Klein-Glienicke oder Nymphenburg.

Wie bei Bäumen kann man auch hier vor dem Bau des Brunnens im Fundament über dem Strahlungsknoten eine Ampulle mit einem beliebigem Elixier als »Zeugen« einlassen. So kann das Schwingungsspektrum bis ins Feinste abgestimmt und für den Garten nutzbar gemacht werden.

Nicht zuletzt haben auch die Maße einen großen Einfluss auf das Resonanzspektrum. Wählt man also für Ausdehnung und Wandstärke des Beckens ein Grundmaß, dessen Oktave mit dem gewünschten »Farbton« in Schwingung steht, ergibt sich ein vielfarbig-orchestraler, energetischer Wohlklang von Standort, Wasserqualität, Testobjektfrequenz und Maßresonanz.

Die Gestaltung

Die Grundstücksform

Nachdem wir nun die Elemente Pflanze, Stein und Wasser im Einzelnen betrachtet haben, können wir uns der Gestaltung in ihrer Gesamtheit zuwenden. Das Grundgesetz des holistischen Gedankens lautet: »Das Ganze ist mehr als die Summe seiner Teile.« So ist auch der Garten mehr als eine Ansammlung von Pflanzen, Steinen und fließendem Wasser. Er ist ein Gesamtorganismus, man kann beinahe sagen, ein eigenständiges Wesen – unser Wesen. Er ist der Spiegel unserer selbst.

Jedes eigenständige »Wesen«, jede Individualität benötigt eine Abgrenzung. Sie erst macht aus einer beliebigen Ansammlung von Materie ein Individuum. Die Grenze unserer Haut lässt in uns erst den Begriff des »Ich« entstehen, das sich vom »Du« abgrenzt. So ist auch einer der wichtigsten Aspekte in der geomantischen Analyse und Gestaltung eines Gartens die Betrachtung (oder Schaffung) seiner Grenzen. Wir haben bereits gesehen, dass man im Mittelalter bei der Schaffung von Klostergärten großen Wert auf ihre Umhegung und die energetisch präzise Setzung der Klostermauern legte. Erst eine intakte Grenze lässt ein Holon entstehen, eine in sich geschlossene Einheit, die gerade durch ihre Begrenzung fähig ist, den ganzen Kosmos in sich (holografisch) zu spiegeln. Dabei bedeutet »intakt« nicht »abgeschottet«

noch »versiegelt« oder »hermetisch geschlossen«. Wie eine Zelle im Gesamtverband des Organismus ihre korrekte Stellung und Funktion einnimmt und doch erst durch die Zellwand zur funktionstüchtigen Einheit wird, so auch der Garten. Diesbezüglich spielt es also keine Rolle, ob wir den Garten lediglich mit einer niedrigen Buxhecke umgeben oder durch eine meterhohe Mauer. Wohl aber sind derartige Gestaltungen Spiegel unserer eigenen Seele.

Als ich als Student ein Praktikum in einem Gartenbaubetrieb absolvierte, waren wir eines Tages zur Gartenpflege bei einem Funktionär einer weltbekannten Firma berufen. Der Garten war umgeben von einer vier Meter hohen Steinmauer, durch Überwachungkameras und Eisentor geschützt und von Sicherheitsmännern bewacht. Hinter dieser repräsentativen, aber abgeschotteten Fassade eröffnete sich uns ein ebenso »gepflegter« wie »toter« Garten: Der Rasen (oder war es ein Teppich?) war auf vier Millimeter gestutzt, und jedes heruntergefallene Blatt musste eingesammelt werden. Das i-Tüpfelchen der Symbolhaftigkeit war ein Falke, der mit einem Kettchen an einem über dem Boden gespannten Stahlseil befestigt war und erbärmlich über den gestutzten Rasen auf und ab hüpfte. War hier das »Home« noch ein »Castle« oder schon ein Gefängnis?

Und wie sieht die Begrenzung (oder Wunschbegrenzung) Ihres Gartens aus? Steht Ihr Gartentor immer offen oder ist es nur per elektrischen Impuls zu öffnen? Bevorzugen Sie eine Blumeneinfassung ihres Grundstücks oder doch lieber eine solide Mauer? Die Art der Umgrenzung sollte Ihrem Charakter entsprechen. Während Mauern ebenso Sicherheit wie Beengung vermitteln und zum Ausdruck bringen, kann das vollständige Fehlen optischer Grenzen Freiheit geben oder ein Gefühl der Verlorenheit hervorrufen.

Wir haben schon im Kapitel über Steine und Pflanzen gesehen, wie man energetische Grenzen errichten kann, ohne dass man sie unbedingt zu sehen braucht. Andererseits sollten wir nicht vergessen, dass auch der optische Bezug im Grunde ein energetischer ist, denn wo die Aufmerksamkeit hingeht, geht auch die Energie hin (Gesetz Nummer 9).

Zurück zur Intaktheit der Grenze: Ich führte einmal eine Beratung durch in einem Fall, wo optische Grenzen zwar bestanden, doch (formaljuristisch richtig) so weit nach vorne versetzt waren, dass der Nachbar stets (optisch) das »Territorium« des Besitzers durchqueren musste, um zu seinem Haus zu gelangen. Der Nachbar empfand daher die Situation so, als ob er sich seine individuellen Grenzen und Rechte ständig erkämpfen müsste. Unsägliche Einmischungen des Nachbarn in die Angelegenheiten meines Klienten waren die Folge. Durch eine Überbetonung der Grenze kam es zur Vermischung und Überlagerung der Grundstückseinheiten. Das Problem konnte gelöst werden, indem die optischen Grenzen klar definiert blieben, zum Teil noch deutlicher gemacht wurden. Zugleich aber wurden sie zurückgenommen, so dass der Nachbar nun »auf neutralem Boden« zu seinem Haus gelangen konnte. Jeder konnte so seine eigene Individualität leben und damit auch den andern bestehen lassen. Nach meiner Erfahrung sind die meisten Grenzstreitigkeiten solche energetischen Unklarheiten zwischen zwei Einheiten. Grenzen waren nicht umsonst zu allen Zeiten heilig. Nur so ist der unerbittliche Kleinkrieg zu verstehen, der so oft wegen eines überhängenden Kirschbaumastes entsteht. Eine intakte Grenze lässt weder zu starke Außeneinflüsse herein, noch greift sie selbst in fremde Privatbereiche über. Optimalerweise sollte auch die Grundstücksform harmonisch, in sich geschlossen sein. Rechtecke oder Rundformen sind besonders vorteilhaft. Ragen dagegen schmale Grundstücksteile über, sind meist gerade sie der Schlüssel zu auftretenden Problemen. Wir werden gleich noch sehen, dass solche Problembereiche nicht nur im Verhältnis nach außen wirken, sondern natürlich auch nach innen.

Betrachten wir aber zuerst noch die geistige Ebene der Grundstücksform. Unregelmäßig geformte Grundstücke (und das sind die meisten!) können in ihrer Formgebung an Tiere oder Gegenstände erinnern. Haben wir beim Betrachten eine solche Assoziation, sollten wir uns auch fragen, ob die damit verbundenen Emotionen positiv oder negativ sind. Die Form eines Messers wie in der Abbildung A (gegenüber) wird wohl nur wenigen Menschen als positives Bild erscheinen. Betrachten Sie einmal die Beispiele in der Abbildung gegenüber und versuchen Sie zu spüren, was eine solche Form, ein solches Bild in Ihnen auslöst. Und dann stellen Sie sich vor, Sie würden in einer solchen Form leben ...

Manche der Formen werden Ihnen Geborgenheit vermitteln, andere vielleicht Dynamik, einige werden Sie ansprechen, bei anderen empfinden Sie wahrscheinlich eher Ablehnung. Die Form ist das archetypische Bild der darin wirkenden geistigen Kraft.

Was kann man tun, um gegebene, negativ bewertete Formen zu optimieren? Häufig die beste, wenn auch nicht immer einfachste Lö-

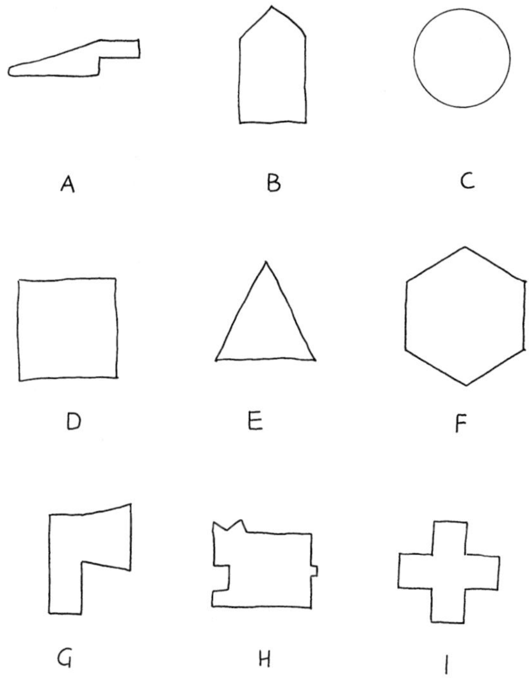

Verschiedene Beispiele archetypischer Grundstücksformen. Erspüren Sie die atmosphärische Eigenschaft!

sung ist die Korrektur der Grundstücksform durch An- oder Verkauf von Grundstückseinheiten. Lassen sich keine der benötigten Teile zukaufen oder möchten Sie zum Beispiel wegen beschränkter Grundstücksgröße nichts davon verkaufen, dann lässt sich die Form auch durch gestalterische Maßnahmen verbessern. Zunächst aber sollten sie innehalten und sich fragen, warum Sie selbst oder die Außenwelt sich gegen eine Veränderung der Form »sträubt«. Bedenken Sie: Der Garten ist ein Spiegel unserer selbst! Vielleicht ist es ja die – wenn auch negativ empfundene – Form, die Materie gewordene Widerspiegelung Ihrer eigenen, nicht überwundenen inneren Schwächen und Kämpfe, von denen Sie (noch) nicht lassen wollen?

Auch in diesem Falle mag es richtig sein, die Grundstücksform bestehen zu lassen und durch Gestaltung neu zu strukturieren. Ein Anhängsel, das sich nicht verkaufen lässt (wie in Abbildung Seite 150 links), trennt man am besten durch eine Pflanzung ab. Dabei ist es sehr wichtig, dass Sie die Pflanzung so gestalten, dass Sie nicht in Versuchung kommen, den abgetrennten Bereich wieder zu betreten und zu nutzen. Er muss vollständig der Nutzung entzogen sein, da der Bereich

Durch Abteilung wird eine harmonische Grundstücksform bewirkt.

Durch Unterteilung wird eine harmonische Grundstücksform bewirkt.

ansonsten in Ihrem Bewusstsein weiter zu Ihren Garten gehört. Auf gar keinen Fall sollten Sie hier einen Kompost anlegen oder gar Mülltonnen unterbringen. Dies würde die energetische Situation noch verschlechtern. Wie wir noch sehen werden, stagniert in solchen Ecken die »Lebensenergie« und Müll oder Verrottungsprozesse würden die Stagnierung noch beschleunigen. Am besten übergeben Sie den Bereich in einem rituellen Akt der Natur, trennen ihn mit (dornigen) Sträuchern ab und schaffen so einen »Temenos«, einen von Menschenhand forthin unberührten »heiligen Bezirk«, der für Igel und andere Kleintiere Zuflucht bieten kann.

Problematischer ist es, wenn das Grundstück sich nicht durch Abteilen verbessern lässt, wie in der Abbildung oben rechts. Doch lässt sich der Garten nicht abteilen, so lässt er sich doch zumindest unterteilen. Setzen Sie auch hier klare Markierungen: Pflanzen Sie eine niedrige Hecke, setzen Sie ein Mäuerchen oder schaffen Sie eine Torsituation. Dadurch entstehen zwei harmonische Gartenteile. Optimalerweise können Sie die beiden Bereiche verschiedenen Nutzungen zuführen: nutzen Sie sie als Liege- und Erholungszone und Spielzone der Kinder, als Zier- und als Nutzgarten, als Platz für die Wäscheleine und Obstwiese – Ihrer Kreativität sind keine Grenzen gesetzt! Wie historische Beispiele zeigen, fördert eine Unterteilung auch den Eindruck von Größe im Garten.

Der Energiefluss

Bevor Sie derartige Gestaltungen aufgrund der bildschaffenden Form ihres Gartens vornehmen, sollten Sie sich noch einmal der Regel 7 der Äthergesetze erinnern: Die Form beeinflusst den Äther.

Viktor Schauberger, der sich intensiv mit den energetischen Gesetzen des Wassers auseinander setzte, machte dort nicht Halt. Für ihn waren die Fließgesetze des Wassers nur Bestandteil übergeordneter Gesetzmäßigkeiten: der Bewegungsform der Lebenskraft selbst. Er erkannte, dass sich die Art und Weise, wie sich diese »Energie« bewegt, im Fluss des Wassers widerspiegelt.

Dies können wir uns zunutze machen, wenn wir die energetische Situation unseres Gartens erfassen oder die Auswirkungen von Gestaltungen abschätzen möchten. Um zu erkennen, wie die Energie, das Qi, sich durch Ihren Garten bewegt, bauen Sie ein kleines (aber möglichst maßstabgetreues) dreidimensionales Modell Ihres Gartens. Es reicht hier zunächst die Grundstücksform. Später kann man ein solches Modell mehr und mehr verfeinern und Bäume, Mauern und Wege hineinsetzen. Am besten nehmen Sie Ton und formen die Grenzen ihres Grundstücks als Mauern aus. Dort, wo sich der Eingang befindet (oder befinden soll), lassen Sie eine Lücke in der Mauer. Nun stellen Sie das Modell leicht schräg und lassen langsam aus einem Glas Wasser in das Modell einfließen. Beobachten Sie nun genau:

- Welche Bereiche werden vom Wasser erreicht, welche bleiben trocken?
- Wo fließt das Wasser schnell, wo stagniert es?
- Wo bilden sich Wirbel?

Anschließend können Sie das Modell leicht schwenken und weiter beobachten. Diese Beobachtungen geben Ihnen wichtige Hinweise:

- Welche Bereiche werden mit Lebenskraft (Äther) gut versorgt und welche weniger gut?
- Wo fließt die Energie (zu) schnell oder (zu) langsam oder wo stagniert sie gar?
- Wo kommen kosmische Impulse herein?

Gerade der letzte Punkt ist für die Gestaltung eines geomantischen Gartens wichtig. Schauen Sie daher genau, wo das Wasser zu wirbeln beginnt. Diese Bereiche sind (bei der vorgegebenen Form) die »Wirbel«, die »Räder« (Chakras) Ihres Gartens. Sie eignen sich besonders für die in den ersten Kapiteln genannten Detailgestaltungen.

Eine Variante dieser Methode ist, anstatt Wasser in das Modell fließen zu lassen, Rauch hineinzublasen. Während eine Person in gleich bleibender Höhe durch den Eingang Rauch hineinbläst, sollte eine zweite Person aus der Vogelperspektive beobachten. Beide Methoden zusammen ergänzen sich. Sie spiegeln den Verlauf des Yin- (Wasser) und Yang-Äthers (Rauch) wider, der eher hinabfließenden und der eher aufsteigenden Kräfte, von Feng (Wind) und Shui (Wasser).

Haben Sie solche Versuche öfter durchgeführt, werden Sie mehr und mehr ein Gefühl dafür entwickeln, wie sich diese Kräfte bewegen, so dass Sie Wasser und Rauch später nicht mehr unbedingt brauchen.

Besteht Ihr Garten bereits, dann durchwandern Sie ihn vom Eingang aus. Achten Sie dabei genau darauf, wie Bewegung (zunächst unabhängig von der vorgegebenen Wegführung) gelenkt wird (Regel 8) und wohin Ihre Aufmerksamkeit im Garten geht. Besser ist, dies von einer Person durchführen zu lassen, die Ihren Garten nicht so gut kennt, oder Sie üben zunächst in Parkanlagen, denn im eigenen »Spiegelungsbereich« kommt es meist zu Verzerrungen in der Wahrnehmung. Bedenken Sie, im Garten durchwandern Sie ihr eigenes Selbst.

Der Boden und seine seelische Wirkung

So wie die Grundstücksgrenze in der Horizontalen das Holon Garten abgrenzt, grenzt der Boden diesen Raum nach unten ab. Er bildet das Fundament, auf dem der Garten gestaltet wird. Wir haben bereits gesehen, dass das Gestein eine wesentliche Wirkung auf unsere Seele ausübt. Ebenso ist es selbstverständlich mit dem Boden, der unter anderem aus dem Gestein durch Erosion entsteht. Diese Wirkung des Bodens ist daher ganz wesentlich vom Untergrundgestein abhängig. Eine der wesentlichen Grundeinteilungen der Böden und ihrer seelischen Wirksamkeit orientiert sich nach ihrem Wassergehalt. Böden mit Wasserüberschuss – entweder aufgrund von Staunässe wie bei Pseudogley oder durch Grundwassereinfluss wie bei Gley, Auenböden, Marschen usw. – sind in ihrer Wirkung eher Yin, das heißt, sie fördern vor allem die Introvertiertheit der hier lebenden Menschen. Böden mit ungehindertem Sickerwasserabzug dagegen wie Rendzina (aus Kalkstein), Parabraunerde oder Löß (aus kalkhaltigem Silikatlockergestein), Braunerden (kalkfreier Sandstein) oder Pelosol (Tonstein) sind in ihrer seelischen Wirksamkeit eher der Yangseite zuzuordnen und fördern daher eher die Extrovertiertheit.

Daneben ist es auch möglich, eine Einteilung nach der vorwiegenden Wirksamkeit eines Elements vorzunehmen und damit die ätherische Wirksamkeit des Bodens zu erklären. Grundsätzlich »erzeugen« stark wasserhaltige Böden (durch Staunässe oder Grundwassereinfluss), wie sie oben bereits aufgezählt wurden, auch eine starke Präsenz des

Wasser-Äthers am Ort. Sie werden sich vor allem auf die Gemütslage der hier lebenden Menschen auswirken und die melancholische Temperamentsbildung fördern.

Moorböden, insbesondere, wenn sie zur Kultivierung entwässert wurden, und andere stark humusreiche Böden zeigen aufgrund ihrer starken Verrottungsprozesse dagegen eine Tendenz zur Förderung des Feuer-Äthers. Vor allem der Willensaspekt der Menschen wird hier angesprochen, und es kommt zu einer Förderung des cholerischen Temperamentstyps.

Schwere Böden, wie Tonböden, neigen neben ihrer Wässrigkeit zu einer Verstärkung des Erd-Äthers. Hier wird vor allem der phlegmatische Temperamentstyp gestärkt, und die seelische Wirksamkeit fördert vor allem unsere Körperlichkeit sowie Traditions- und Realitätssinn.

Trockene Sandböden, aber auch Silikatlockergesteinsböden wie Parabraunerde neigen schließlich dazu, das Luft-Element und damit das sanguinische Temperament zu fördern. Sie haben einen starken fördernden Einfluss auf mentale Prozesse. Hier lebende Menschen werden stärker rational geprägt und haben eine Neigung zur Kommunikation. Die »Berliner Schnauze« ist ein klassisches Beispiel dafür.

Die spezifische seelische Interpretation des Bodentyps aufgrund der in ihm enthaltenen Mineralstoffe kann hier nur angedeutet werden. Die Klassifizierung der seelischen Einflüsse diverser Stoffe ist in der Homöopathie weit fortgeschritten. (Auch Michael Gienger gibt in seinem Buch »Die Steinheilkunde« einen Abriss solcher seelisch wirksamen Faktoren.)

So neigen siliziumreiche Quarze im Boden dazu, die Menschen warmherzig zu machen. Sie fördern das Wohlgefühl und geben innere Stabilität. Kalziumreiche Böden wie Rendzina oder Lößböden, wie sie beispielsweise im Erfurter Raum stark vertreten sind, fördern dagegen die Aufnahme- und Unterscheidungsfähigkeit der Menschen und vermitteln Selbstvertrauen.

Rote Erden zeigen das Vorhandensein von Eisen an, was Tatkraft, Willenskraft und Ehrlichkeit fördert, bei Übermäßigkeit (insbesondere bei cholerischen Temperamenten) aber auch einen Hang zur Aggressivität vermitteln kann.

Ebenso kann ein Mangel eines chemischen Elementes im Boden Auswirkungen auf die Psyche der Menschen zeigen. In Mooren herrscht durch die starke Wasserpräsenz eine Verdrängung der Luft im

Boden vor. Sauerstoff (O_2) liegt hier nur in seiner stark gebundenen Form (als H_2O) vor und zeigt damit wenig Wirkung auf die Bewohner dieser Gegenden. Da Sauerstoff Vitalität und Wachheit fördert, neigen Moorbewohner meist zu einer träumerischen Wahrnehmung der Wirklichkeit. Oft fällt es ihnen schwer, ihre vielen Ideen Wirklichkeit werden zu lassen.

Aufgrund derartiger Einschätzungen der seelischen Qualität des Bodens ist es nicht nur möglich, die seelische Grunddisposition der am jeweiligen Ort lebenden Menschen abzuschätzen, sondern auch die seelische Wirksamkeit von Maßnahmen abzuschätzen. Die Einbringung von größeren Mengen Torf (als Moorprodukt) in den Garten fördert stark die Verrottungsprozesse und damit die Stärkung des Feuer-Elementes. Oft kann in den ersten Wochen nach dieser Maßnahme bei den Menschen eine Zunahme der Aktivitäten bis hin zur »Umtriebigkeit« oder je nach Temperamentstyp gar Aggressivität festgestellt werden.

Ebenso können starke Düngungsmaßnahmen mit klassischem NPK-Dünger (der auf Natrium, Phosphor und Kalium aufgebaut) zu kurzzeitigen Veränderungen des Verhaltens führen. Während der Phosphor eher stimmungsaufhellend wirkt und desensibilisiert, dämpft das Kalium zugleich die Empfindlichkeit. Beide zusammen wirken bei empfindlichen Personen beinahe wie ein Psychopharmakon und bewirken oft eine unerklärbare Unruhe bei gleichzeitiger Euphorie.

Die energetische Bodenmodellierung

Wir haben schon gesehen, dass die Form (z. B. eines Baumes) erheblichen Einfluss auf die ätherische Qualität des Ortes ausübt. So ist nun auch einfach zu sagen: Jede Erhebung wie Hügel oder Wälle fördern das Yang-Element im Garten. Vor allem der Feuer-Äther wird hier angesprochen, der sich – aufwärts strebend – an den Hügelkuppen sammelt. Senken dagegen führen zu einer Verstärkung des Yin-Elementes, vor allem des Wasser-Äthers. Ein Wechsel beider Formen schafft Lebendigkeit. So schuf Lenné nicht einfach ebene Wiesenflächen, sondern ließ die Ebene durch einen Wechsel von konvexen und konkaven Formen sanft schwingen. Dies impulsierte große Flächen mit Lebenskraft. Ebenso stellten für Sckell »Hügel die Kraftformen der Natur« dar, wie er sich ausdrückte. Ein Sitzplatz auf einer kleinen Hügelkuppe hat folglich eine gänzlich andere Atmosphäre als ein Platz in einer Senke, womöglich noch an einem Teich mit Trauerweide. Der

Erste wird »Überblick« verschaffen, extrovertieren bzw. »yangisieren«, Letzterer »Einblick« verschaffen, introvertieren und »yinisieren«.

Die »Hügel« und »Senken« müssen dabei nicht die Ausmaße solcher in einem öffentlichen Park erreichen, selbst in kleinerer Proportionierung entfalten sie ihre Wirkung – und 30 Zentimeter Niveauunterschied sind im kleinsten Garten machbar!

Klassische Gestaltungsmittel

Clumps

Die feine Modellierung des Bodens ist in der klassischen Gestaltung von großer Bedeutung. So war es üblich, Bäume in kleinen Gruppen, so genannten Clumps, zu pflanzen. Stets standen diese Baumgruppen in den Gestaltungen Sckells und Lennés auf sanften Erhebungen, die oftmals auf den ersten Blick kaum zu erkennen, doch für die energetische Gestaltung von großer Wichtigkeit sind. Als ich vor einigen Jahren mit dem Erdheiler und Geomanten Marko Pogačnik im Gebiet um den Großglockner unterwegs war, bekam ich von ihm einige Orte gezeigt, an denen – wie er sich ausdrückt – ein »Landschaftsengel seinen Fokus gesetzt hat«. Sehr häufig waren dies Baumgruppen, die auf kleinen Hügelchen standen, sehr ähnlich den klassischen Clumps. Dies führte mich zum Verständnis der energetischen Seite dieses Stilele-

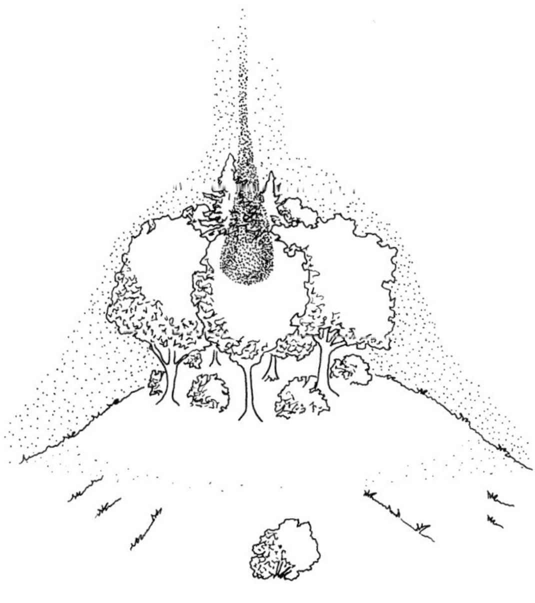

Clumps. Der Aufbau dieses klassischen Gestaltungsmittels bewirkt eine Formung der Ätherkräfte, die es geistigen Kräften ermöglicht, sich zu verorten.

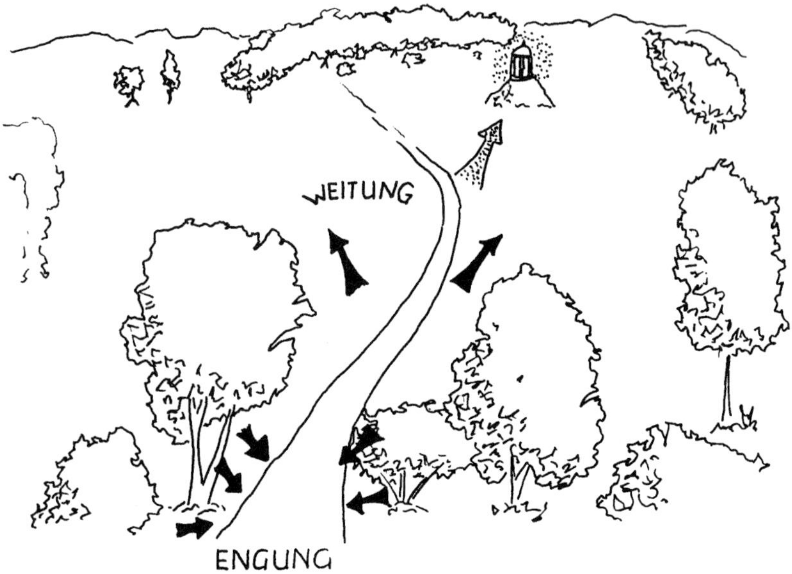

Die energetische Wirkung von Engung und Weitung

ments. In einem früheren Kapitel haben wir bereits gesehen, dass Bäume wie »Ätherpumpen« wirken. Sie sind imstande, Yin-Äther (Wasser und Erde) nach oben, dem Licht entgegen zu ziehen. Durch die Pflanzung der Bäume auf Hügel werden durch den Formeinfluss des Hügels auch die Yang-Äther (Feuer und Luft) nach oben bewegt. So entsteht im Kronenbereich der Bäume ein starkes Ätherfeld aus allen vier Äthern. Dies führt nicht nur dazu, dass die offene Wiese dadurch eine Belebung erfährt, sondern es bildet sich im Kronenbereich der Clumps auch eine Art ätherische »Gebärmutter«, ein »Inkarnationsraum«, der es geistigen Kräften erleichtert, sich zu verorten und – im Sinne Pogačniks – Fokuspunkte aufzubauen.

So kann man sagen, dass der Einsatz von Clumps die Belebung und Durchgeistigung einer Parkanlage bewirkt.

Enge und Weite

Wie in der Beschreibung Sanssoucis gezeigt, diente das Stilelement der Verengung und Ausweitung in der historischen Gartenkunst dazu, mit den Ätherfeldern der Parkbesucher und infolgedessen mit ihren Emotionen zu »spielen«, wie es eine erwünschte Wirkung im englischen Landschaftsgarten war.

Beobachten Sie in einer Parkanlage einmal das Verhalten der Spaziergänger: Je enger die Pflanzung an den Weg heranreicht und ihn damit optisch-energetisch verengt, umso mehr wendet sich der Blick der Spaziergänger nach unten – der Mensch wendet sich nach innen. Weitet sich nach einer letzten portalartigen Verengung die Gestaltung plötzlich, so heben sie spontan den Kopf und richten sich auf. Es ist, als würde bei der Verengung ihre Aura zusammengezogen oder wie ein Gummiball zusammengedrückt. Dieser Effekt ist insbesondere bei sehr dunklen, erdigen Pflanzen wie Eibe oder Rhododendron besonders stark. Lässt der »Druck« dann plötzlich nach, »springt der Gummiball« nach vorne weg – der offenen Gestaltung entgegen. Bei Kindern, aber auch bei Hunden kann man in solchen Fällen beobachten, dass sie plötzlich zu rennen beginnen und auf die offene Wiese hinauslaufen. Ein Wechsel von Enge und Weite wie in Sanssouci auf dem Weg vom Schloss zum Neuen Palais führt zu einer fortwährenden »Pulsationsbewegung«, ganz im Sinne Wilhelm Reichs oder Viktor Schaubergers. Dadurch lädt sich der Körper quasi mit Lebenskräften auf.

Der Beltwalk

Beim so genannten Beltwalk (dem »Gürtelweg«) handelt es sich um einen Rundweg, der um eine offene Wiese herumgeführt wird, wo Anpflanzungen und Durchblicke einander abwechseln. So erlebt der hier wandelnde Spaziergänger die Wiese aus stets neuen, abwechs-

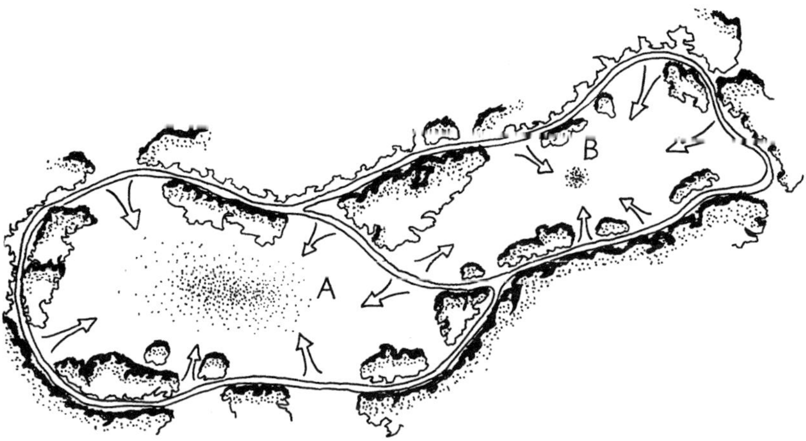

Beltwalk: Durch Engung und Weitung werden Ätherkräfte gesammelt.
A: in einer wannenförmigen Wiese als verdichtetes Feld
B: fokussiert an einem Eyecatcher zur Axis Mundi

lungsreichen Perspektiven. Gleichzeitig bedeutet eine solche Gestaltungsform aber wiederum einen Wechsel von Enge und Weite, welche die oben beschriebene Lebenskraftpulsation bewirkt. Beim klassischen Beltwalk öffnet sich die Weitung stets zur Wiese hin. Die »wie ein Gummiball« losschnellenden Ätherkräfte der Menschen werden so über die Lenkung der Aufmerksamkeit ständig auf die Wiese gerichtet, die sich so mehr und mehr mit Ätherkräften auflädt.

Da in den meisten Fällen die freie Fläche zudem als leichte Wanne geformt ist, kommt es hier (ganz im Sinne des chinesischen Ming Tangs) zur Ansammlung der Ätherkräfte. Es bildet sich – vor allem in der Dämmerung – eine Atmosphäre, wie sie oft auf Waldlichtungen entsteht und die man poetisch als »Feenwiese« bezeichnen könnte. Bei gut gemachten Beltwalks, bei denen das Verhältnis von Engung und Weitung stimmt, fühlt sich die umwandelte Freifläche stets ausgesprochen gut belebt an.

Eyecatcher

Setzt man nun in eine solche umwandelte Fläche eine Statue oder eine Fontäne oder allgemein in das Aufmerksamkeitsfeld nach einer Verengung eine Staffage wie beispielsweise einen Säulentempel, wirken diese Objekte als klassische Eyecatcher oder im Sinne des Feng Shui als Qi-Fänger. Sie reißen förmlich unser Aufmerksamkeit an sich. Die durch die plötzliche Weitung frei werdenden Ätherkräfte sammeln sich nun nicht mehr diffus auf der freien Fläche, sondern werden von den zumeist vertikal ausgerichteten Stilelementen »angezogen«. Es kommt bei diesen zu einer starken Verdichtung. Die vertikale Ausrichtung (Fontäne, Säulentempel auf Hügel usw.) führt dadurch meist zur Bildung einer energetischen Axis Mundi.

Eine Variante dieses Prinzips ist bekannt unter dem Begriff der »geborgten Landschaft«. Dabei handelt es sich um ein sowohl in Asien als auch Europa bekanntes und angewandtes Prinzip: Es diente dazu, Landschaftselemente, die außerhalb der Grenzen des eigentlichen Gartens lagen, optisch, energetisch und damit auch geistig in den Garten hereinzuholen. Ein bekanntes historisches Stilelement zur Durchsetzung des Prinzips war im englischen Landschaftsgarten der »Ha-Ha« oder auch »Aha«. Dabei handelte es sich um einen tiefen Graben, in dem ein Zaun verlief, der somit als Grenze optisch nicht erlebbar war. So konnte sich der Park optisch bis zu den angrenzenden Bergen oder ähnlichem erstrecken. Wollte man dorthin gelangen, stand man aber

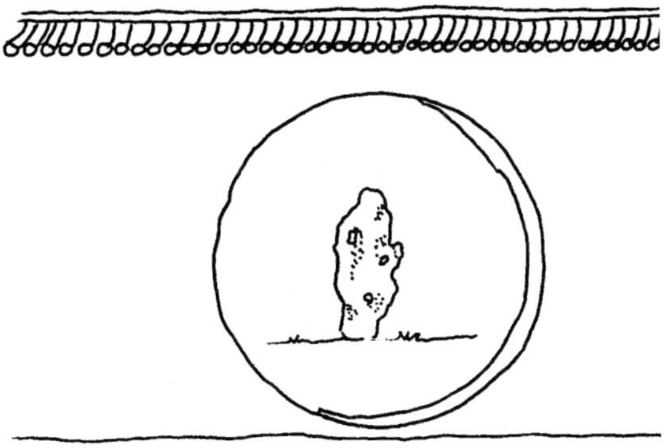

Chinesisches Mondtor. Es setzt einen Rahmen, fokussiert die Aufmerksamkeit und holt das Gestaltungsobjekt (hier ein Stein) in den hiesigen Gartenteil.

plötzlich vor dem Graben, was manch einen zu einem erstaunten »Aha!« veranlasst haben musste, daher, so heißt es, rührt der Name.

Meist wurde das Prinzip der »geborgten Landschaft« in Verbindung mit einer Engung angewandt, so dass ein außerhalb des Gartens gelegenes Element, wie zum Beispiel ein schöner Solitärbaum, ein Fels oder auch eine schöne Architektur zum Blickfang, zum »Eyecatcher«, wurde. Die Engung hat hier folglich fokussierende Wirkung. Einerseits wird das eingerahmte Stilelement dadurch stärker mit Ätherkräften versorgt, andererseits bricht seine Kraft und Schönheit aber auch verstärkt, eben fokussiert, herein.
Dies führt uns zurück zur Gestaltung der Grenzen: denn ganz gleich, ob chinesische Gartenkunst oder englischer Landschaftsgarten, stets wurde das Unschöne, Unerwünschte mit hohen Bäumen oder Mauern kaschiert. Sein optischer Bezug zum Garten wurde unterbrochen, sein energetischer Bezug damit zumindest gedämpft, ganz im Sinne des Spruchs »aus den Augen – aus dem Sinn«. Besonders schöne oder erwünschte Gestaltungselemente dagegen wurden durch eine gelenkte Rahmensetzung – in China zum Beispiel in Form eines runden so genannten Mondtors, im Westen in Form eines Durchblicks – hereingeholt.

Das Prinzip der »geborgten Landschaft« lässt sich auch im Hausgarten anwenden: Es muss sich nicht alles in Ihrem Garten befinden, um diesen aufzuwerten. Vielleicht hat ihr Nachbar einen besonders schön blühenden Kirsch-, Apfel- oder Magnolienbaum. Dann öffnen Sie die schützende Hecke oder Mauer ein wenig, um den Blick darauf freizugeben, und bald schon ist es, als blühe der Baum in Ihrem Garten!

Die fünf mythischen Tiere

Bleiben wir noch einen Moment im klassischen Feng Shui. Eines der bekanntesten Stilelemente zur Verbesserung und Harmonisierung der Qi- oder Äther-Verhältnisse sind die fünf mythischen Tiere Schildkröte, Drache, Tiger, Phönix und Schlange. Dabei handelt es sich um die bildhafte Darstellung von fünf archetypischen Gestaltungsprinzipien. Wir empfinden Orte als angenehm, an denen unser Rücken gedeckt und geschützt ist. So besetzen wir fast automatisch in einem Restaurant zuerst die Plätze, die an der Wand liegen. Dieses Bedürfnis wird von der »schwarzen Schildkröte« befriedigt. Sie ist der erwünschte Rückenschutz. Im Kleinräumigen ist sie die Stuhllehne, in der Gartengestaltung kann es eine Mauer, eine Hecke oder Baumgruppe sein. In den üblichen europäischen Gärten wird die Funktion der Schildkröte – in Bezug auf den Garten – meist vom Haus eingenommen, das uns den sicheren Schutz vermittelt. In großen Parkanlagen ist die Schildkröte oft ein Berg wie der »Kohlehügel« in der kaiserlichen verbotenen Stadt in Peking oder der Ruinenberg hinter dem Schloss Sanssouci.

(Grüner) Drache und (weißer) Tiger stellen den seitlichen Schutz dar, der nicht so stark sein muss wie die Rückendeckung. Im Kleinräumigen erfüllen diese Funktion die Armlehnen des Stuhls. Im Garten kann der von ihnen repräsentierte Schutz durch Hecken und Mauern gegeben werden. Als Regel gilt: Der Drache befindet sich (hat man die

Problem: Eine Mauer sitzt zu eng am Haus und verhindert »Weitblick« – »der Phoenix kann nicht fliegen!« Lösung: Eine Berankung weicht die harte Mauer optisch auf. Eine perspektivisch gestaffelte Pflanzung (Pflanzen nach hinten kleiner werden lassen und enger zusammensetzen) schafft räumliche Tiefe – »der Phoenix kann wieder fliegen«.

Schildkröte im Rücken) links und sollte etwas höher sein als der Tiger, der zur Rechten liegt. So kommt es zu einer spannungsvollen Gestaltung und dem Zusammentreffen von Yin und Yang. Der Drache kann zum Beispiel die Form einer höheren Hecke haben, während der Tiger durch ein niedriges Mäuerchen repräsentiert wird.

Der (rote) Phönix ist der Freiraum, den wir vor uns haben – unser Ausblick. Er sollte offen sein, sich aber nicht am Horizont verlieren. So ist der Phönix im engeren Sinne ein Gestaltungselement, das unseren Augen Halt gibt. Im Innenraum kann dies ein Bild an der gegenüberliegenden Wand sein, in der Parkgestaltung der »Point de Vue«, der Blickfang in der Ferne. Im Hausgarten wird diese Funktion automatisch von der dem Haus gegenüberliegenden Grundstücksgrenze übernommen. Gerade im kleinen Garten ist es eher problematisch, wenn der Phönix im Verhältnis zum Abstand vom Haus überdimensioniert ist: Oft haben wir in kaum 4 bis 5 Meter breiten Gärten hohe Mauern oder Thujahecken, die unseren Blick auflaufen lassen, als hätten wir »ein Brett vor dem Kopf«. Lässt sich diese Barrikade nicht mildern, kann man zumindest über eine geschickte gestaffelte Pflanzung Raumtiefe erzeugen, den Garten optisch vergrößern und so dem Phönix mehr Raum geben, damit er »fliegen kann«.

Die Schlange schließlich ist der zentrale Bezugspunkt. In unserem Beispiel des Stuhls ist es die Sitzfläche, im klassischen Garten das »Parterre« und im Hausgarten die Terrasse oder der bevorzugte Ort zum Sitzen oder Liegen. Hier kumuliert sich das Qi (die Ätherkräfte). Dieser Platz ist die Mitte, der Omphalos des Gartens.

Die richtige Pflanze für die richtige Richtung

In der westlichen Geomantie ist ähnlich dem Feng Shui jeder Himmelsrichtung eine bestimmte Qualität zugewiesen. Ausgehend von der Mitte, dem Omphalos des Gartens, entfächern sich so verschiedenste Qualitäten, die durch die Auswahl entsprechender Pflanzen unterstützt werden können.

Dem Norden ist das Element Luft zugewiesen und damit die Mentalprozesse. Die Kraft des Nordens erfährt eine gute Unterstützung durch Pflanzen, die in den Tabellen Seite 95, 103 und 105 dem Luftelement zugeordnet wurden. Bei den Stauden ist dies zum Beispiel der Lavendel sowie vor allem auch Ziergräser. Die allgemeine Blütenfarbe kann bevorzugt in Gelb oder Weiß gehalten werden. Als Bäume kommen hier lichte Bäume wie Lärche oder Birke in Frage.

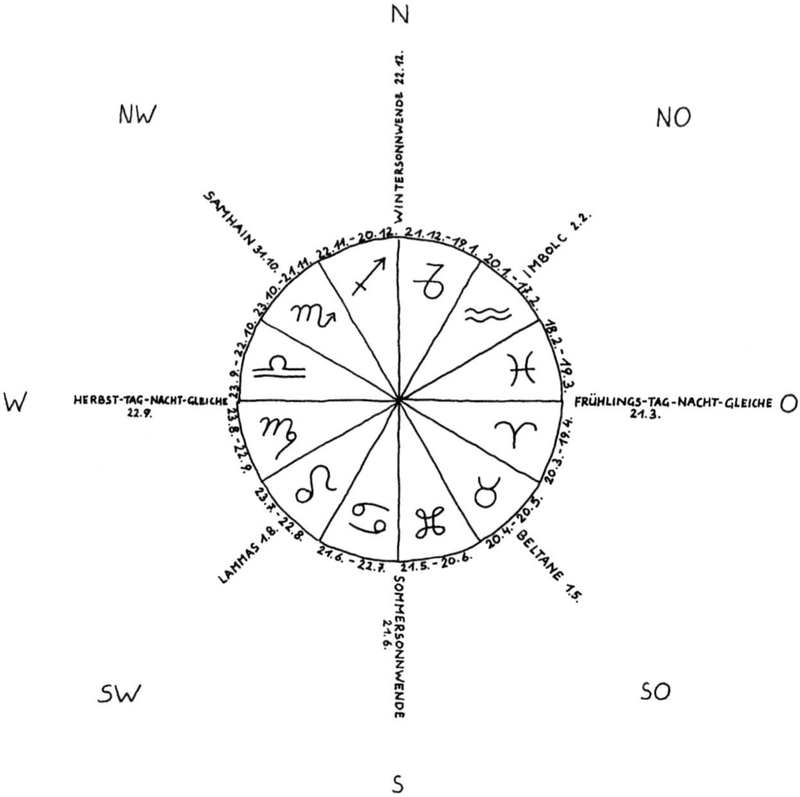

Der Osten wird vom Element Feuer regiert. Es ist bei vielen Völkern die spirituelle Richtung. Das Feuerelement ist bei den Bäumen vor allem in Säulenformen präsent wie den Säulenpappeln oder auch Säuleneichen. Unter den Stauden sind es meist gelb und rot blühende Arten wie viele Nelken, Stockmalven oder Sonnenröschen.

Der Süden wird von der Emotion des Wassers bestimmt, die sich in der Lebensfreude der Südeuropäer (Italiener) wiederfindet. Diese Qualität wird durch Hängeformen wie der Trauerweide besonders betont. Bei den Stauden sind es feuchtigkeitsliebende Arten wie Frauenmantel oder Wasserdost, aber auch die Schlüsselblume. Bevorzugt können hier Blau- und Violetttöne zum Tragen kommen.

Der Westen schließlich wird vom materiellen Element der Erde beherrscht. Vor allem die Eibe als Grenzbaum, aber auch Rhododendren sind hier passend. Bei den Stauden vertreten nur wenige un-

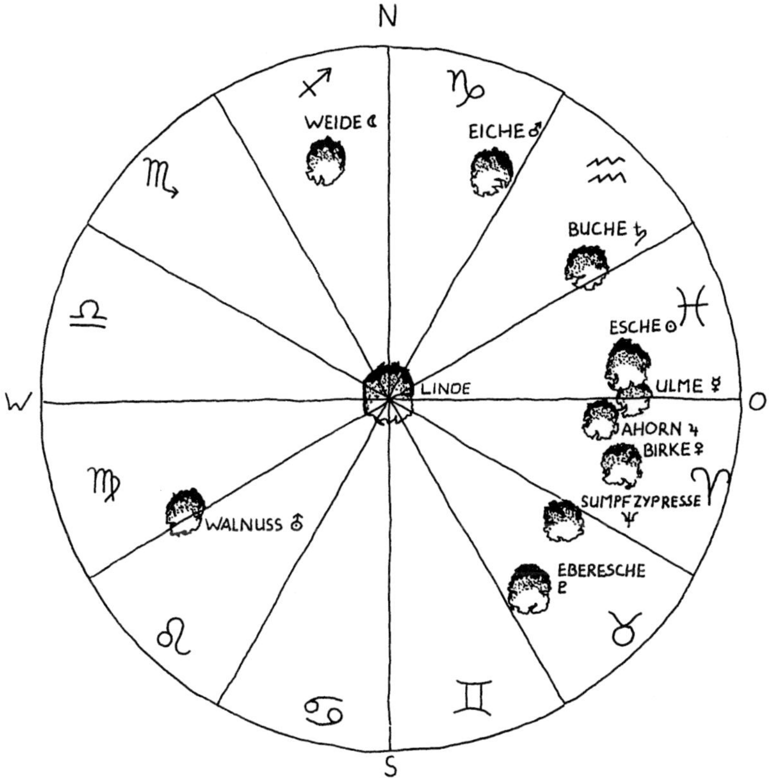

Beispielhafter Horoskopgarten für Albert Einstein, 14.3.1879, 11.30 Uhr. Für Uranus, Pluto und Neptun wurden Walnuss, Ebersche und Sumpfzypresse gesetzt.

scheinbare Arten das Element. Wohl aber kann man mit Rosen als Blütenpflanzen den Bereich unterstützen.

Eine andere Möglichkeit ist, dem Westen (Erde) wurzelbezogene Pflanzen, dem Norden (Luft) blütenbezogene, dem Osten (Feuer) fruchtbezogene und dem Süden (Wasser) blattbezogene Pflanzen zuzuordnen.

Eine ebenfalls gebräuchliche Methode ist die Einteilung der Richtungen nach den zwölf Tierkreiszeichen des Zodiaks (siehe Abbildung gegenüber): Legt man den Beginn des Tierkreiszeichens Widder auf den Frühlingsbeginn am 21. März (Tagundnachtgleiche) und die Richtung Osten, nehmen die folgenden Tierkreiszeichen die verschiedenen Himmelsrichtungen ein, wie in der Abbildung gegenüber dargestellt. Die Abfolge ist also gegenüber der üblichen Horoskopdarstellung gegenläufig. Es folgen 15° Stier im Südosten, Zwilling im Südsüdosten,

0° Krebs im Süden, 15° Löwe im Südwesten, Jungfrau Südwestwest, 0° Waage im Westen, 15° Skorpion im Nordwesten, Schütze Nordnordwest, 0° Steinbock im Norden, 15° Wassermann im Nordosten und Fische Nordostosten.

Nimmt man die Tabelle der planetaren Zuordnungen der Bäume (Seite 86) zur Hilfe, lässt sich ausgehend von der Mitte des Gartens das persönliche Horoskop einer Person oder eines Ereignisses (z. B. Zeitpunkt der Grundsteinlegung des Hauses, der Hochzeit) im Raum fixieren. Die Abbildung Seite 163 dient als Beispiel eines hypothetischen Horoskopgartens für Albert Einstein. In dieser Weise kommt es zu einer sehr starken Verbindung von Raum und Zeit, von Genius Loci und Genius Tempori.

Eine Zuordnung der Bäume nach den Himmelsrichtungen war auch im keltischen Kulturkreis bekannt. Nigel Pennick gibt eine Einteilung, die sich an einer matriarchalen Einteilung des Jahres in dreizehn Monde orientiert (siehe Abbildung unten): Hier findet sich die Eiche im Süden, die Stechpalme im Südwesten, die Hasel im Südwestwesten, der Wein im Westen, Efeu im Nordostosten, Vogelbeere im Nordosten, Esche im Nordostosten, Erle im Südostosten, Weide im Südosten und Weißdorn im Südsüdosten.

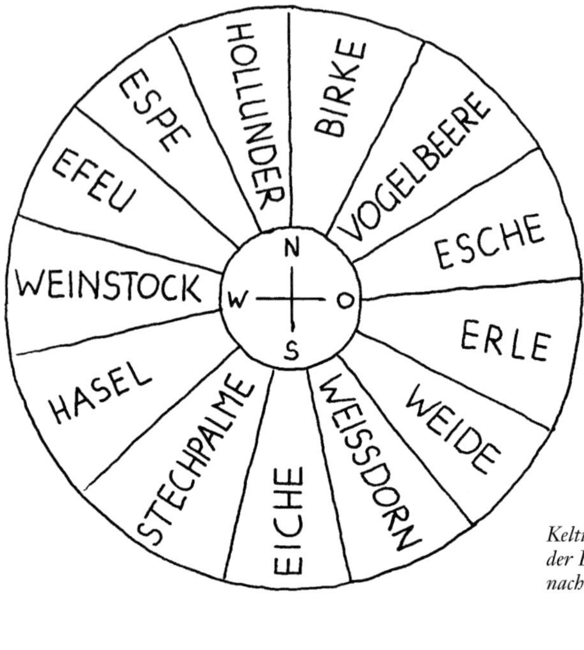

Keltisches Zuordnungssystem der Bäume zu den Richtungen nach Nigel Pennick.

Die Wegeführung

Der energetische Aspekt der Wegeführung wird am besten durch die Äthergesetze 8 und 9 beschrieben: Der Äther folgt der Bewegung, die Bewegung dem Äther. Und: Die Energie folgt der Aufmerksamkeit, die Aufmerksamkeit der Energie.

Spuren von Tierpfaden sind durch die eingeprägte Bewegung im Raum erkennbar, und chinesische Geomanten deuteten sie, um den Lauf des Qi in der Landschaft zu erkennen. Andererseits schaffen wir durch den Wegebau auch neue »Energiezonen« (Tracklines).

Friedrich Ludwig Sckell legte Wege – diesen Gesetzen folgend – wie Wasserläufe an. Er ließ sie sanft schwingen (»mäandrieren«) und achtete darauf, dass Weggabelungen nach Möglichkeit im spitzen Winkel verliefen. Wie ein sich teilender oder zusammenfließender Wasserstrom wurde die Bewegungskraft des Äthers so ihrer Natur entsprechend gelenkt. Andererseits wurde durch diese Art der Gestaltung ein Bewegungsfluss zwischen den beiden Möglichkeiten der Weggabelung erschwert, so dass bestimmte bevorzugte Bewegungsrichtungen vorgegeben werden (Abbildungen unten).

Der Bewegungsimpuls des Menschen, sich an bestimmte Bahnen zu halten und – wie das Wasser – unnötige Wege zu vermeiden, wird sehr deutlich im Ablauf von Ereignissen, die wir allenthalben in den Städten beobachten können: Wird ein Weg angelegt, der nicht den obigen Gesetzmäßigkeiten entspricht und darum von den Menschen nicht akzeptiert wird (z. B. ist eine unnötige Schlaufe in der Wegführung oder Weggabelungen, deren Winkel nicht mit dem Hauptbewegungsfluss übereinstimmen, siehe Abbildung unten rechts), beginnen sie, dem »natürlichen« Verlauf des Weges entsprechend, einen Trampelpfad zu

Bevorzugte Bewegungsrichtung.

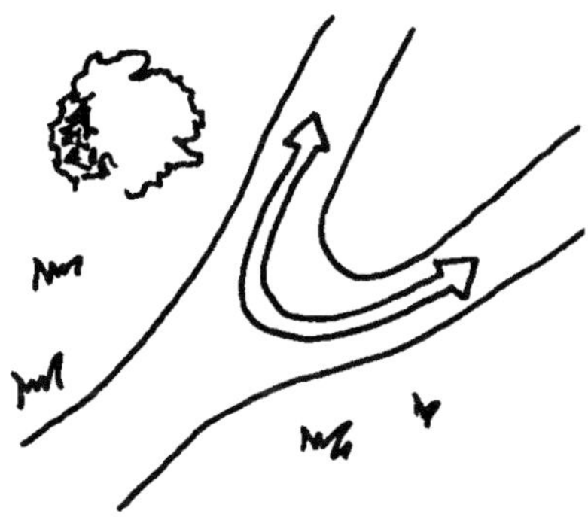

Behinderte Bewegungsrichtung.

bilden. Selbst Schranken, Hinweisschilder oder wehrhafte Pflanzen wie Berberitzen, Feuerdorn und andere stachlige Gesellen halten dem Bewegungsdruck nicht stand und werden niedergetrampelt. Der Trampelpfad bleibt bestehen. Dies geht so lange weiter, bis die Behörden einsichtig sind und an Stelle des Trampelpfades einen »ordentlichen Weg« anlegen.

Dies belegt die Ökonomie einer energetisch durchdachten Planung. Wie es der Landschaftsarchitekt Günter Grzimek einmal ausdrückte: »Der Mensch geht, wie das Wasser fließt« – komme, was da wolle.

So kann man auch auf den Bewegungsimpuls des Wassers zurückgreifen, um einen Weg zu »energetisieren«. Abgesehen von der Nutzung möglicher rechtspolar ausgesandter Frequenzen einer Wasserader werden die Bewegungskräfte unterirdisch fließenden Wassers wirksam, wenn man einen Weg auf einer Wasserader anlegt. Ich habe nie verstanden, warum Trampelpfade als lästig angesehen werden. Für mich haben sie einen sehr natürlichen ästhetischen Aspekt, und ich habe mir verschiedene Methoden zur Anlage von Trampelpfaden ausgedacht. Eine davon haben wir bereits bei der Arbeit mit der ätherischen Polarität der Steine kennen gelernt (siehe Seite 126), eine andere ist die folgende: Legt man einen Weg auf einer bestehenden Wasserader an, wird der Bewegungsimpuls der Ader auf den Weg übertragen. Führt man nach einigen Metern den Weg in einer »energetisch unvorteilhaften« Weise weiter, indem man ihn einen scharfen Knick beschreiben lässt, wird sich der Bewegungsdrang des Menschen der Wasserader folgend fortsetzen (Abbildung gegenüber); er läuft also beispielsweise auf die Wiese hinaus. Berücksichtigt man die Regeln der Äthergesetze, dass die Energie der Aufmerksamkeit und der Absicht folgt, und setzt in die Wiese »Eyecatcher«, wird die Aufmerksamkeit des Menschen von diesen angezogen und er wird sich weiter auf das Objekt (z. B. einen schönen Solitärbaum) zu bewegen. Es entsteht ein Trampelpfad. Es ist jedoch darauf zu achten, dass die Wegführung sinnvoll ist. Denn in der Regel haben Menschen, auch beim erholsamen Spaziergang, ein Ziel. Sie wollen von Ort A zu Ort B. Diesem inneren Sinn muss der Weg folgen (Regel 10), sonst wird sein Verlauf nicht akzeptiert.

Die hier beschriebenen Prozesse können unterstützt werden durch die Arbeit mit der ätherischen Polarität von Steinen, das heißt die Energielenkung mittels Pflasterbelag oder Randsteinen (wie im vorangegangenen Kapitel, Seite 123ff. vorgestellt).

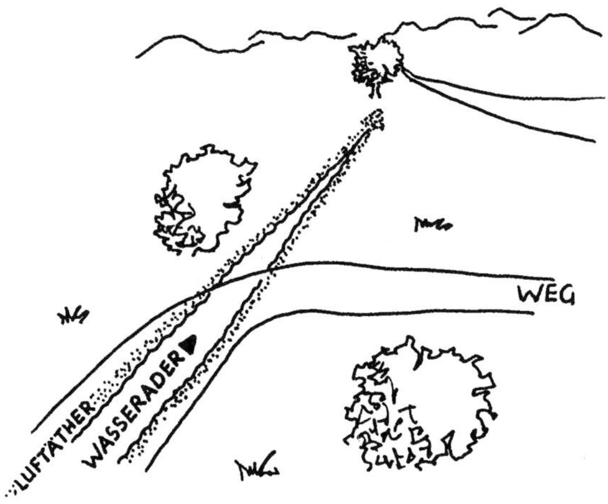

Die Bildung eines Trampelpfades.

Sonderfall Allee

Im Barock nutzte man die Gesetzmäßigkeiten des Äthers in der Wegeführung, um die Ätherkräfte über lange Achsen, die diese zudem bündeln und beschleunigen, zu lenken. Freilich waren diese geraden Alleen nicht in erster Linie zur Begehung gedacht, denn auf einem solchen geraden Weg ermüdet man, wie jeder durch eigene Erfahrung überprüfen kann, viel zu rasch. Vielmehr dienten sie dazu, Beziehungslinien vom zentralen Bau (Schloss) zu wichtigen (oft sakralen) Orten der Umgebung aufzubauen. Wie in Abbildung Seite 168 gezeigt, wird die Aufmerksamkeit des beim Schloss stehenden Betrachters von der auf den Fluchtpunkt fokussierten geraden Linienführung der Achse auf einen »Eyecatcher«, den so genannten Point de Vue, gelenkt. Meist handelt es sich dabei um Kirchen oder markante Berge der Umgebung, wie auch am Beispiel Kleves (Seite 38) gezeigt.

Durch diese Gestaltung wird vor allem ein Luft-Ätherstrom (der eigentliche Bewegungs- und Aufmerksamkeitsäther) aufgebaut, der als Trägermedium für »aufmodulierte« geistige Informationen dient, die zwischen den beiden Punkten (z. B. Schloss und Kirche) pulsen können. Diese Gesetzmäßigkeit ist selbst im Modell nachvollziehbar, das ich zu Demonstrationszwecken in Seminaren gerne zeige. Nutze ich auch noch den Formaspekt der Alleebäume (siehe Seite 104), lassen sich weitere Ätherqualitäten einbeziehen: Setzt man beispielsweise Säulenpappeln in einem Abstand zueinander, in dem sich ihre Abstrahlradien gerade noch berühren (siehe Seite 112f., »Praxisbeispiele«), so baut sich über ihren Kronen vor allem Feuer-Äther auf, der durch die innere Ver-

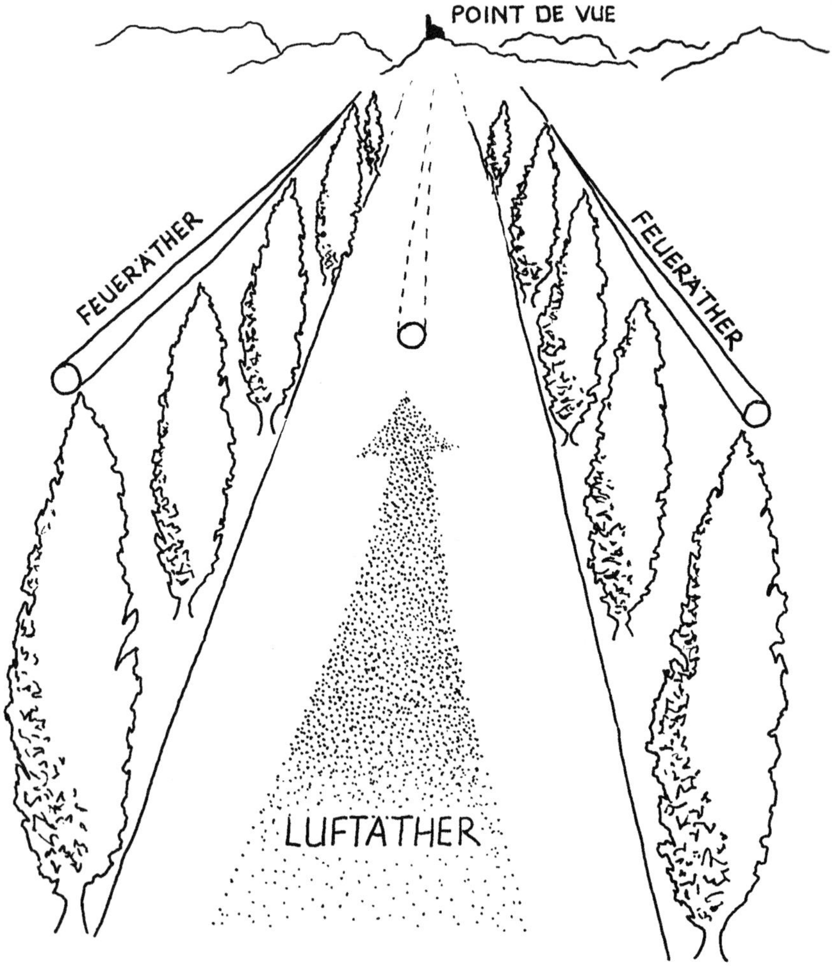

Aufbau energetischer Verbindungen über Alleen: die gerade Ausrichtung fokussiert die Aufmerksamkeit auf den Point de Vue. Eine Verbindung durch Luft-Äther entsteht. Bäume mit archetypischer Feuerform erzeugen solare Linien.

bindung der Bäume (Abstrahlradien) bereits nach kurzer Zeit überspringt und so eine Linie bildet, über die weitere Informationen fließen können.

Die übertragene Information lässt sich in einem gewissen Maß durch die Abstände der Bäume zueinander beeinflussen. Reiht man nämlich mehrere Bäume in einer Allee hintereinander, entsteht eine radiästhetisch mutbare Linie, die in ihrer Frequenz der Oktave des

Aufbau einer energetischen Zone mit Bäumen. Der Abstand der Bäume entspricht der erzeugten Wellenlänge **λ**.

Baumabstands entspricht. Möchte ich zum Beispiel die Information »Lebenskraft« aufbauen und übermitteln, setze ich die Bäume in einem Vielfachen des Maßes 27,6 Zentimeter (= 6,9 Lecherantennenwert = »Lebenskraft«) voneinander entfernt, also etwa in einem Abstand von ca. 4,40 Meter. Bäume funktionieren nicht als mathematisch genaue Antennen, sie besitzen ein gewisses Resonanzspektrum. Der exakte Ort, an dem der Baum gepflanzt wird, sollte daher radiästhetisch (im vorliegenden Fall über den Lecherwert 6,9) bestimmt werden. Die so aufgebaute Informationslinie folgt bis zu einem gewissen Grad auch leichten Biegungen der Allee. Bricht die Allee aber plötzlich ab oder wird sie in einem scharfen Knick umgelenkt, führt die Linie weiter geradeaus. Die Wirkentfernung steht in direktem Bezug zur Länge der Allee (Abbildung oben).

Geistige Kräfte im Garten

Kommunikation mit Pflanzen

Der Garten ist ein Resonanzkörper der Person, welcher er gehört. Oft entwickelt er eine eigene Identität, ja ein eigenes Wesen, das wie der Mensch Körper (gestalteter Garten), Seele (Atmosphäre, Stil) und Geist besitzt. Dieser Geist ist meist ein kollektiver Archetyp aller hier versammelten Wesen: des Besitzers, der Pflanzen, der Tiere und der Naturwesen.

Untersuchungen, die Peter Tompkins und Christopher Bird in ihrem Buch »Das geheime Leben der Pflanzen« (1974) wiedergeben, haben gezeigt, dass Pflanzen mit Menschen kommunizieren können. Befestigt man im Sinne eines »Lügendetektors« Elektroden an einer Pflanze, lassen sich die Reaktionen der Pflanze auf Handlungen, Gefühle, ja selbst Gedanken eines Menschen aufzeichnen. So beschreiben Tompkins und Bird, wie Pflanzen in »höchste Aufregung« gerieten, als ein Mann, der gerade Rasen gemäht hatte, das Gewächshaus betrat.

Allein die Absicht, der Gedanke, eine Pflanze zu beschädigen, rief heftige Reaktionen hervor. Umgekehrt wuchsen – statistisch belegt – Pflanzen besser, wenn man mit ihnen sprach oder ihnen harmonische Musik vorspielte. Von vielen Naturreligionen ist bekannt, dass die Menschen mit den Bäumen sprechen und ihnen den Grund erklären, ehe sie einen Baum fällen. Mit Pflanzen zu reden ist nicht schwer. »Erklären« Sie Ihre Handlungen, das Schneiden, Mähen, Umsetzen usw., laut oder innerlich, ehe Sie sie vollziehen, so, als würden Sie sie einem Kind erklären. Die Pflanzen werden darauf reagieren!

Schwieriger ist es für die meisten, den Pflanzen auch zuzuhören. Deshalb hier eine Übung zur Kommunikation mit Pflanzen. Vollziehen Sie diese Übung zunächst an mehrjährigen Stauden und Gehölzen. Erfahrungsgemäß ist die Kommunikation mit einem Baum leichter als mit einem Grashalm. Probieren Sie die Übung aus, auch wenn sie Ihnen momentan noch lächerlich erscheinen mag.

Übung:

Stellen Sie sich vor einen Baum (oder eine andere Pflanze). Schließen Sie Ihre Augen und entspannen Sie sich, lenken Sie Ihre Aufmerksamkeit in Ihren Brust- und Bauchraum und atmen Sie tief. Wenn Sie wollen, berühren Sie den Baum. Stellen Sie sich zunächst selbst vor; dabei kommt es nicht darauf an, Alter, Beruf und Familienstand zu nennen noch Hobbys oder Einkommen. Es geht darum, dass Sie sich dem Wesen Baum in Ihrer Identität präsentieren. Oft machen wir dies an unserem Namen fest. Wenn Sie wollen, sagen (oder denken) Sie Ihren Namen. Aber auch dieser ist nur der Träger der eigentlichen Information – Ihres Selbst.

Atmen Sie tief ein und während Sie ausatmen, stellen Sie sich vor, dass Ihr Atem zum Baum fließt und diesen einhüllt, ja in diesen eindringt. Vielleicht gefällt Ihnen auch die Vorstellung, der Atem würde sich über die Berührung Ihrer Hände mit dem Baum verbinden.

Nun achten Sie auf aufsteigende innere Bilder, Assoziationen, Erinnerungen an frühere Ereignisse und Gefühle. Bäume sprechen über eine archetypische Sprache mit uns, sie sprechen unseren Wesenskern an. Achten Sie nicht auf das innere Bild oder Ereignis selbst, das in Ihnen aufsteigt, sondern auf den zugrunde liegenden Archetyp. Archetypen sind innere Tendenzen, Symbolbilder zu formen. Es sind also Darstellungen, die durchaus in ihrer Erscheinung variieren können. Archetypen sind stets gleichzeitig Bild und Emotion. Was sagen Ihnen

die Bilder, Erinnerungen, Symbole und Emotionen? Denken Sie darüber nicht intellektuell nach, sondern lassen Sie sie wirken: Welche Einfälle kommen Ihnen spontan dazu, welche Emotionen sind mit ihnen verbunden? Die Pflanze sagt Ihnen etwa: »Hier fühle ich mich wohl«, indem sie in Ihnen die Erinnerung daran weckt, wie Sie als Kind geborgen in den Armen Ihrer Mutter lagen. Oder sie sagt: »Hier fühle ich mich eingeengt«, indem in Ihnen Bilder von Ereignissen aufsteigen, bei denen körperlicher oder psychischer Druck ausgeübt wird. Sie sagt: »Gib mir Dünger!«, indem sie Sie z.B. an eine Wüste, an ödes Land oder auch an Essen denken lässt. Auf diese Weise erfahren Sie eine Menge über die Stimmungslage der Pflanzen in Ihrem Garten.
Dieses Vorgehen kann Ihnen auch helfen, in der Baumschule die richtigen Pflanzen für Ihren Garten auszusuchen oder den korrekten Standort für sie zu finden.

Der Umgang mit Naturwesen

Der Glaube an geistige Wesen in der Natur ist sehr alt. In verschiedenen Kulturen wurden sie systematisch unterschieden und bestimmten Wohn- oder Wirkorten zugeordnet. So gibt es Najaden (Wassergeister), Oreaden (Berggeister), Sylphen (Luftgeister) und Salamander (Feuergeister). Bei vielen Menschen weckt die Vorstellung von solchen geistigen Wesen in der Natur Widerstände und innere Blockaden. Meist aber sind es nur die mit den Worten verbundenen Assoziationen, die innere Widerstände erzeugen. So lassen uns die Bezeichnungen »Zwerg«, »Troll«, »Nixe«, »Riese« usw. an Märchenbücher denken, die wir mit unserer Kindheit assoziieren, und irgendetwas schreit in uns voller Trotz: »Aber ich bin doch längst erwachsen!« Der Biologe Rupert Sheldrake nennt daher diese geistigen Wirkprinzipien in der Natur sehr wissenschaftlich »Felder höherer Ordnung«. Er geht davon aus, dass jeder Wasserfall über den zugrunde liegenden Archetyp mit anderen Wasserfällen in einem solchen Feld höherer Ordnung verbunden ist. In diesem Fall ein Najadenfeld. Und schon wird manch einem derselbe Gedanke annehmbar. Wir sind gewohnt, in unserer materialistischen Welt in physikalischen Begriffen zu denken: Nennen wir die feinstoffliche Ebene unseres Seins »Energie«, können wir sie mehr oder minder akzeptieren. Da wir nicht mehr in einer Kultur leben, die es gewohnt ist, mit mythologischen Symbolen umzugehen, verwenden wir lieber mathematische Symbole. Suchen Sie sich daher Begriffe, die keine negativen inneren Emotionen oder Widerstände erzeugen. Sagen Sie meinetwegen »Atmosphäre«, »archetypisches Prinzip«, »Feld höherer Ordnung« oder, wer mag, einfach »Naturwesen«.

In unserem mitteleuropäischen Kulturkreis werden die geistigen Kräfte in der Natur gerne einem der vier Elemente zugeordnet. Dabei gilt das Erfahrungsgesetz, je »niedriger« das Wesen ist, umso klarer ist seine Zuordnung zu einem der vier Elemente. Je »hierarchisch höher« es anzusiedeln ist, umso schwieriger wird die Erfahrung eines bestimmten Elements.

Praktisch unterscheidet sich die Wahrnehmung oder Kommunikation mit einem Naturwesen nur wenig von der oben beschriebenen Übung mit Bäumen und Pflanzen, nur dass hier nicht zwangsläufig ein materieller Bezug vorhanden sein muss. Es gibt nicht unbedingt (obwohl häufig) einen Stein oder Baum, den Sie als »Wohnort« von Naturgeistern physisch wahrnehmen können. Möchten Sie erfahren, welchem Wirkprinzip, welchem der vier Elemente das Wesen zugeordnet ist, achten Sie darauf, welcher Elementearchetyp verstärkt wahrnehmbar ist:

Nehmen Sie beinahe physisch Wärme wahr, steigen innere Bilder von Dynamik und Bewegung auf, Erinnerungen an Handlungen, in denen der Willensakt im Vordergrund stand, so haben Sie ein Feuerwesen vor sich. Diese finden sich meist dort, wo Verottungsprozesse oder Reifungsprozesse in Gang sind, zum Beispiel beim Komposthaufen.

Fokussiert sich Ihre Wahrnehmung dagegen auf Feuchte und Kühle, auf sehr stark veränderliche innere Bilder, auf Erinnerungen mit starker Emotionalität, auf romantische Gefühle, so haben Sie es mit einem Wasserwesen zu tun. Diese finden sich im Garten gerne in Mulden, bei Pflanzen mit großen Blättern oder – natürlich – am Wasser.

Haben Sie Eindrücke von Festigkeit und Druck oder von Stabilität, entstehen innere Bilder von traditionellen Ritualen oder ein starkes Körpergefühl, so haben Sie vermutlich ein Erdwesen vor sich. Sie finden diese archetypischen geistigen Kräfte vorwiegend im Wurzelbereich der Bäume, an Mauern oder Steinhaufen.

Erleben Sie dagegen ein Gefühl der Bewegung und Freiheit, einen Drang zu tanzen, fühlen Sie sich innerlich aufgerichtet, haben Sie Erinnerungen an gute Gespräche oder an einen Brieffreund, so kommunizieren Sie gerade mit einem Luftwesen. Diese Wesen finden sich bei Blüten, in freien, offenen Bereichen des Gartens oder an Wegen.

Naturwesen, geistige Aspekte in der Natur oder »psychische Ortsatmosphären«, haben die Aufgabe, den Sinngehalt materiell-physischer Vorgänge zu gewährleisten. Sie durchgeistigen die Natur, allerdings nicht auf einer mentalen, sondern auf einer emotionalen Ebene. Der Geomant Marko Pogačnik bezeichnet sie deshalb auch als die »Emotionalebene des irdischen Kosmos«.

Wir sollten diesen geistigen Kräften in unserem Garten Respekt erweisen. Immerhin haben wir den Garten dem absoluten Einfluss der Natur entrissen und die Erde hier unserem Willen untergeordnet. Dies bedeutet nicht, dass wir sie im Sinne eines archaischen Animismus anbeten oder verehren sollen. Vielmehr sollten wir diese Kräfte als die »Lobby der Natur« verstehen, als geistige Impulse, die das Ihrige dafür tun, die Gesetze der Natur und das ökologische Gleichgewicht in Stand zu halten. Betrachten Sie sie als gleichwertige Partner, nicht weniger, aber auch nicht mehr! Achten Sie darauf, dass die Kräfte in Ihrem Garten zu ihrem Recht kommen, dass sie einen »Aufenthaltsraum« besitzen, dann wird Sie der Garten wahrlich sinnhaft erfüllen. Friedrich Ludwig Sckell setzte im Nymphenburger Schlosspark als Fokus für die durch die solare Ausstrahlung des Barock verdrängten Yinkräfte die Panstatue und gesellte Eiben (Erd-Äther) und Wasser (Wasser-Äther) bei, um den Ort mit Yinkraft zu versorgen.

Der Genius des Gartens

Der Genius Loci Ihres Gartens ist die Gesamtheit aller hier wirkenden geistigen Kräfte, inklusive Ihrer eigenen.

Sobald Sie darin geübt sind, mit den einzelnen Kräften und Wesen zu sprechen, können Sie dazu übergehen, ihre Gesamtheit zu erfahren. Oft besitzt der Genius Loci ein Zentrum, eine Art Fokus – meist die Mitte oder ein auffälliger Bereich im Garten. Hier wird die Gesamtheit der Kräfte wie an einem Akupunkturpunkt am besten erfahrbar. Oft verwirrt uns die Vielheit der Aspekte und »Stimmen«. Doch wie bei einem Menschen verschiedene Meinungen und widersprechende Erfahrungen existieren, wie er verschiedene Rollen in seinem Alltag spielt und doch eine geistige Einheit ist, so verhält es sich auch beim Garten. Sie müssen darauf achten, sich nicht von einzelnen »Stimmen« gefangen nehmen zu lassen; das, was der Baum will, muss nicht dem entsprechen, was das Gras oder was Sie wollen.

Wenn Sie den Genius Loci erfahren wollen, treten Sie innerlich am besten ein, zwei Schritte zurück, betrachten Sie den Ort »von oben«

– seine Grenzen, seine Gestaltung, seine Atmosphäre, seine Schwächen und Stärken, was er Ihnen bedeutet und wohin es ihn treibt. Vielleicht legen Sie sich im Bereich des Fokus, des Zentrums zum Schlafen nieder, am besten eine Nacht lang, nehmen sich die Frage nach der Gesamtheit des Genius in Ihr Herz und achten auf Ihre Träume. Doch bedenken Sie: Der Genius Loci ist stets ein gutes Stück Ihrer selbst; seien Sie nicht enttäuscht oder entsetzt, wenn Sie im Traum Ihre eigenen Probleme wiedererkennen. Sie sind ein Teil des Gartens.

Der richtige Zeitpunkt

Zu den im Garten wirkenden geistigen Kräften zählen nicht nur die Kräfte des Ortes, sondern auch der Zeit. Die Zeit hat nicht nur Quantität, sondern vor allem eine Qualität. So gibt es stets die richtige Zeit für die richtige Handlung. Beides muss zusammenwirken. In den letzten Jahren wurde die Aufmerksamkeit zunehmend auf diesen Qualitätsaspekt der Zeit gerichtet. Die Berücksichtigung der Kraft des Mondes im Rhythmus der Zeit ist nicht erst seit dem Bestseller »Vom richtigen Zeitpunkt« von Johanna Paungger und Thomas Poppe (1994) ein diskutiertes Phänomen. Maria Thun setzt sich bereits seit Jahren, ja Jahrzehnten mit diesem Aspekt der Natur auseinander.

Das zugrunde liegende Prinzip ist im Wesentlichen, dass der Mond jenes Tierkreiszeichen aktiviert, in dem er gerade steht. Wie bereits bei den Richtungsqualitäten gezeigt, kann jedes Tierkreiszeichen einem der vier Elemente zugeordnet werden: Jungfrau, Stier und Steinbock sind Erdzeichen, Löwe, Widder und Schütze Feuerzeichen, Krebs, Fische und Skorpion Wasserzeichen und Waage, Zwilling und Wassermann Luftzeichen.

Wie bereits beschrieben (siehe Seite 92), können verschiedene Aspekte der Pflanze ebenfalls mit den vier Elementen in Zusammenhang gebracht werden. So entsteht die Einteilung Blüte - Luft, Frucht - Feuer, Wurzeln - Erde, Blatt - Wasser. Wird nun die Pflanze an einem Tag behandelt, an dem der Mond in einem bestimmten Element steht, so wirkt sich dies vor allem auf den entsprechenden Elementeaspekt der Pflanze aus. Also Mond in Jungfrau, Stier oder Steinbock wirkt auf die Wurzeln und Knollen, Mond in Skorpion, Krebs oder Fischen wirkt auf die Blätter, Mond in Löwe, Widder oder Schütze wirkt auf die Frucht, und Mond in Zwilling, Wassermann oder Waage wirkt auf die Blüten.

Darüber hinaus wird in diesem System der siderische Mondlauf (auf- oder absteigend) sowie die Mondphase berücksichtigt. (Zum tieferen Verständnis dieser Prozesse sei auf das Buch »Erfahrungen für den Garten« von Maria Thun, 1994, verweisen.)

Wie kommt es zu dieser Wirkung? Offensichtlich ist es wiederum der Geist des Menschen, der hier als Katalysator wirkt, denn es kommt die Qualität jenes Zeitpunktes zum Tragen, an dem der Mensch eine bestimmte Handlung vollzieht. Maria Thun selbst illustrierte bei einem Vortrag dieses Phänomen: Während sie mittels des Mondzyklus wissenschaftlich klar belegbare Ergebnisse in Form von Größe, Wuchs, Qualität und Resistenz der Pflanzen erzielte, kam es bei Aussaaten einer Mitarbeiterin nach denselben Prinzipien zu einer so starken statistischen Streuung des Wuchstypus der Pflanzen, dass keine statistische Signifikanz mehr vorlag. Offenbar hatte die Mitarbeiterin die Zeitqualität innerlich unbewusst blockiert. Die innere Einstellung, die Aufmerksamkeit des Menschen ist also von entscheidender Bedeutung.

Nach einer ähnlichen und doch anderen Methode arbeitet Stephan Schmidt, Leiter des Instituts für biologisch-dynamische Pflanzenzucht, Schloss Rittershain. Während Maria Thun vor allem mit einjährigen Pflanzen arbeitet, arbeitet er mit Bäumen. Nach seiner Methode wird das Saatgut der Bäume gesetzt, wenn der Mond in Opposition zu einem bestimmten Planeten steht. Dadurch unterliegt der Wuchs des Baumes einem bestimmten planetaren Prinzip. Als Stephan Schmidt mich zum ersten Mal auf einen geführten Rundgang in seinen Baumschulen mitnahm, war ich von der Wirkkraft dieser Methode geradezu erschüttert. Mehrjährige gleichartige Bäume, die mit Zeitunterschieden von nur Tagen, ja sogar Stunden gesetzt worden waren, hatten vollständig unterschiedliche Höhen, Verästelungen, Krankheitsresistenz, ja selbst Blattformen entwickelt. Es entstanden Eichen, die dem Habitus eines Ahorns glichen, und andere, die gedrungen wie Buchen erschienen. Stephan Schmidt setzt sich mit seiner Arbeit nicht nur für die Forschung, sondern auch für weltweite ökologische Projekte der Wiederaufforstung ein. So kommt es zu wahren Erdheilungsprojekten, bei denen sowohl die physischen wie auch die geistig-seelischen Bedürfnisse eines Ortes Berücksichtigung finden. (Siehe Adresse im Anhang.)

Wie kann nun die Zeitqualität in der Gartenarbeit Berücksichtigung finden? Überlegen Sie zuerst, welchen Pflanzenteil Sie fördern möchten. Bauen Sie Salat an, sind die Blätter das wichtigste. Salatsamen sollten also an Blatt-, sprich Wassertagen gesät werden. Geht es um Blumen, sollten Sie Blüten-/Lufttage für Ihre Arbeit wählen. Wichtig dabei: Wählen Sie das Saatgut gut aus. Ein Salat, der keinen schönen Kopf entwickelt hat, wird auch keine Nachkommen erzeugen, die solches tun. Bäume sollte man am besten dann pflanzen, wenn sich der Mond im absteigenden siderischen Zyklus befindet, und zwar an Wurzeltagen, wenn der Planet, der dem Archetyp des Baumes entspricht (z. B. Mars = Eiche), sich in Opposition zum Mond befindet. Der Wurzel-/Erdtag garantiert das Anwachsen. Mit den Jahren wird dann das planetare Wirkprinzip stärker zum Zug kommen, so dass auch Apfelbäume, wenn sie in einer Venus-Opposition zum Mond gepflanzt wurden, ihrer Identität entsprechend gute Früchte entwickeln werden.

Als grundlegendes Zeitgesetz gilt: Während des absteigenden Mondes atmet die Erde ein, während des aufsteigenden Mondes atmet sie aus (Tabellen zum Mondstand z. B. in Maria Thun: »Aussaattage«). Ähnliches lässt sich auch über die Tageszeit aussagen. Am Vormittag atmet die Erde aus. Wird also morgens gehackt, kann zu Nässe neigender Boden die Feuchtigkeit ausatmen. Hacken wir dagegen am Abend, kann ein zu trockener Boden Feuchtigkeit einatmen. Dies ist auch ein Grund dafür, warum man eher abends (und zwar mit Regenwasser, siehe Kapitel »Wasser«, Seite 133ff.) gießen sollte statt morgens.

Möchten wir in bestimmten Gartenteilen die Atmosphäre für die Naturwesen verbessern, sollten dort an jenen Tagen Pflegemaßnahmen ergriffen werden, deren Element dem Element des entsprechenden Wesens entspricht, also im Bereich von Feuerwesen, wenn Mond im Löwen, Schützen oder Widder steht usw. Über die Zeit wird dies die entsprechenden Ätherkräfte stärken und damit die Umgebungsatmosphäre für das Elementarwesen harmonisieren. So geraten Ort und Zeit in Einklang.

AUSKLANG: DER GARTEN ALS SEELISCHES ERFAHRUNGSFELD

Ich hoffe, es ist mir mit diesem Buch gelungen zu zeigen, wie eng verwoben die Geistseele des Menschen mit der Gartengestaltung ist. In der historischen Gartenkunst suchte man das Paradies im Außenraum zu schaffen, um mehr und mehr festzustellen, dass es in uns, in unserem Herzen verborgen liegt. Die Mitte des Gartens zu finden heißt unsere eigene Mittel zu finden. Die Kraft des Drachen im Garten zu erahnen bedeutet in Kontakt mit unserer eigenen »Drachenkraft« zu kommen. Die Axis Mundi zu gestalten heißt selbst Anbindung zu erfahren an die Kräfte des Himmels und der Erde.

Vielleicht haben Sie die vielen Regeln und Gestaltungsmöglichkeiten verwirrt und eingeschüchtert, vielleicht fürchten Sie nun, mehr falsch als richtig machen zu können, und lassen lieber ganz die Finger von der Gestaltung Ihres Gartens. Doch abgesehen davon, dass ein wenig Zurückhaltung und Ruhe, bevor man eine Gestaltung in Angriff nimmt, gar nicht schlecht ist, um die Ideen reifen zu lassen, halte ich es lieber mit der Aussage des erhabenden Govinda in der Bhagavadgita:

»Nur um Taten bemühe dich, niemals um Ergebnisse, nie sei der Lohn einer Tat für dich Ursache des Handelns! Du sollst nicht am Nichttun haften! Gottes gedenkend, tu die Taten!« (Zweiter Gesang, 47.–48. Spruch)

Der Garten ist der Spiegel des Menschen. Deshalb gibt es eigentlich kein Richtig oder Falsch. Alles hat seine Entsprechung. Machen Sie Ihren Garten vielmehr zu Ihrem Erkenntniswerkzeug. Streben Sie nicht nur nach der Vision eines perfekt-harmonischen Pflanzenensembles. Der Weg ist das Ziel!

Beobachten Sie, was in Ihrem Garten funktioniert und was nicht, achten Sie darauf, welche Pflanzen von Schnecken zerfressen werden und welche sie ignorieren. Dies sind die wahrhaft wichtigen Wegweiser auf dem Weg ins innere Paradies. Sie werden des Unkrauts nicht Herr? Achten Sie nicht darauf, was die Nachbarn sagen könnten. Ist es nicht vielleicht gerade die Angst vor dem, was die Intention und die Erwartung anderer ist – die vielen Stimmen, die sich in den vielen geistigen Prinzipien widerspiegeln, die der Vielheit des Wildwuchses entsprechen?

Führen Sie ein Tagebuch und beobachten Sie Ihre Lebensphasen und die Ihrer Familie und vergleichen Sie diese mit den Prozessen in Ihrem Garten. Sie werden feststellen, oft sind es Kleinigkeiten: Jemand in Ihrer Familie wird krank und, lassen Sie es zu, wächst prompt das entsprechende Heilkraut unter den Wildkräutern; manchmal sind es auch große Umwälzungen, und wir nehmen innerlich und äußerlich Abschied von einem betagten Obstbaum, der gefällt werden muss.

Das Paradies entsteht nicht, es ist! Wir müssen seiner nur gewahr werden. So gelangen wir zum waren daoistischen Nichttun (Wu wei), das die Essenz unangetastet und unverändert lässt, indem wir – wie es auch im Hinduismus Govinda forderte – das naturgemäß Notwendige tun: handeln!

ANHANG

Zitierte Literatur

Arnim, Hermann Graf von: Ein Fürst unter den Gärtnern – Pückler als Landschaftskünstler und der Muskauer Park, Ullstein Verlag, Frankfurt/M. 1981

Coats, Callum: Naturenergien verstehen und nutzen. Viktor Schaubergers geniale Entdeckungen, Omega Verlag, Düsseldorf 1999

Harlen, Hans-Christian: Die Versöhnung mit der Natur, Rowohlt, Reinbek b. Hamburg 1989

Hensch, Eike Georg: Der Eckstein – Über die besondere Schutzwirkung von Ecksteinen an Gebäuden, in: Hagia Chora – Zeitschrift für Geomantie, Nr. 3, Herbst 1999, Seite 10–14, Human Touch, Klein-Jasedow 1999

Kottmann, Albrecht: Fünftausend Jahre messen und bauen, Julius Hoffmann Verlag, Stuttgart 1981

Lüdeling, Hartmut: »Strahlende Geheimnisse«, in: Hagia Chora – Zeitschrift für Geomantie, Nr. 2, 1999, Human Touch, Klein-Jasedow 1999

Paungger, Johanna und Thomas Poppe: Vom richtigen Zeitpunkt. Die Anwendung des Mondkalenders im täglichen Leben, Irisiana Verlag/Hugendubel, München 1994

Pückler-Muskau, Hermann: Briefe eines Verstorbenen, Insel Verlag, Frankfurt/M. 1991

Pückler-Muskau, Hermann: Andeutungen über Landschaftsgärtnerei, Insel Verlag, Frankfurt/M. 1988

Rippl, Helmut (Hg.): Der Parkschöpfer Pückler-Muskau – Das gartenkünstlerische Erbe der Fürsten Hermann Ludwig Heinrich von Pückler-Muskau, Verlag Hermann Böhlhaus Nachfolger, Weimar 1995

Schauberger, Viktor: Der gewundene Erkenntnisweg, in: Implosion, Nr. 27, 1967

Schauberger, Viktor: Entschleierte Naturgeheimnisse, in: Implosion, Nr. 48, 1972

Schauberger, Viktor: Den Umbruch beginnen!, in: Implosion, Nr. 67, 1977

Schuster, Georg: Geschichte des Hauses Hohenzollern, Reprint-Verlag, Leipzig 1915

Steiner, Rudolf: »Grundlinien einer Erkenntnistheorie der Goetheschen Weltanschauung mit besonderer Rücksicht auf Schiller«, 1886, Dornach 1960

Thun, Maria: Erfahrungen für den Garten, Franckh-Kosmos-Verlag, Stuttgart 1994

Thun, Maria: Aussaattage 2001 usw., M. Thun Verlag, Biedenkopf/Lahn

Tompkins, Peter und Christopher Bird: Das geheime Leben der Pflanzen. Pflanzen als Lebewesen mit Charakter und Seele und ihre Reaktionen in den physischen und emotionalen Beziehungen zum Menschen, Bern/München 1974

Valentin, Christoph und Weymann, Peter: Verborgene Achsen, in: Unsere Heimat – Backnanger Kreiszeitung, April 1990, Nr. 2

Weiterführende Literatur

Geomantie allgemein

Brönnle, Stefan: Landschaften der Seele. Von mythischen Orten, heiligen Stätten und uralten Kulten, Kösel Verlag, München 1994

Brönnle, Stefan: Die Kraft des Ortes. Die Energien der Erde erspüren, erkennen und nutzen, Falken Verlag, Niedernhausen/Ts. 1998

Pogačnik, Marko: Schule der Geomantie, Knaur Verlag, München 1996

Historische Gärten

Jay, Roni: Heilige Gärten. Oasen zum Nachdenken und Meditieren, Urania Verlag, Neuhausen 1999

Saudan, Michel und Saudan-Skira, Sylvia: Zauber der Gartenwelt, Benedikt Taschen Verlag, Köln 1997

Pflanzen

Haerkötter, Gerd und Marlene: Macht und Magie der Bäume. Sagen, Geschichte, Brauchtum, Eichborn Verlag, Frankfurt/M. 1989

Strassmann, René: Baumheilkunde, AT Verlag, Aarau 1994

Salocher, Peter und Buchser, Dieter: Enertree. Heilung durch die Energie der Bäume, Knaur Verlag, München 1996

Bouchardon, Patrice: Heilende Energie der Bäume, Urania Verlag, Neuhausen 1999

Richter, Doris und Sven: Der Geist in den Bäumen spricht ... Ganzheitliches Heilen mit Baum-Elixieren, Joy Verlag, Steinhausen 1999

Steine

Gienger, Michael: Die Steinheilkunde, Neue Erde, Saarbrücken 1994

Bongart, Ferdinand: Kultstätten – was sie uns verraten, Omega Verlag, Düsseldorf 1998

Wasser

Coats, Callum: Naturenergien verstehen und nutzen. Viktor Schaubergers geniale Entdeckungen, Omega Verlag, Düsseldorf 1999

Alexanderson, Olof: Lebendes Wasser. Über Viktor Schauberger und eine neue Technik, um unsere Umwelt zu retten, W. Ennsthaler Verlag, Steyr 1994

Prade, Ernstfried (Hg.): Das Plocher Energiesystem. Anstoß zum Umdenken, Bioenergetik Verlag, Kinsau o.J.

Schwenk, Theodor: Das sensible Chaos. Strömendes Formenschaffen in Wasser und Luft, Verlag Freies Geistesleben, Stuttgart 1995

Gestaltung

Kislinger, Elisabeth und Hofmann, Helga: Feng Shui im Garten, Mosaik Verlag, München 1999

Waring, Philippa: Der Feng Shui Garten als Quelle für Gesundheit und Glück, Irisiana Verlag, München 2000

Too, Lillian: Der Feng Shui Garten. Garten, Terassen und Balkone in Harmonie mit der Natur gestalten, Delphi bei Droemer, München 1999

Sator, Günther: Feng Shui für jeden Garten, Gräfe und Unzer, München 1998

Sator, Günther: Feng-Shui-Garten für die Sinne, Gräfe und Unzer, München 1999

Hale, Gill: Feng-Shui-Garten-Praxis, Urania Verlag, Neuhausen 1998

Storl, Wolf-Dieter: Der Garten als Mikrokosmos. Biologische Naturgeheimnisse als Weg zur besseren Ernte, Knaur, München 1992 (Neuauflage: AT Verlag, Aarau 2001)

Geistige Kräfte im Garten

Pogačnik, Marko: Elementarwesen. Die Gefühlsebene der Erde, Knaur Verlag, München 1995

Steiner, Rudolf: Geistige Wesen in der Natur, Verlag Freies Geistesleben, Stuttgart 1992

Thun, Maria: Erfahrungen für den Garten, Franckh-Kosmos Verlag, Stuttgart 1994

Paungger, Johanna und Poppe, Thomas: Vom richtigen Zeitpunkt. Die Anwendung des Mondkalenders im täglichen Leben,Irisiana/ Hugendubel, München 1994

Norberg-Schulz, Christian: Barock, Deutsche Verlagsanstalt, Stuttgart 1985 (= Reihe Weltgeschichte der Architektur)

Weiterführende Adressen

Auskünfte über Seminare mit Stefan Brönnle und anderen Geomantiepraktikern sowie die Vermittlung von geomantisch arbeitenden Garten- und Landschaftsplanern erhalten Sie bei:
Hagia Chora – Schule für Geomantie
Luitpoldallee 35, D-84453 Mühldorf
Tel.: (0)8631/379633
Fax: (0)8631/379634
E-Mail: info@hagia-chora.org
Internet: http://www.hagia-chora.org

Wenn Sie sich für die Arbeit der biologisch-dynamischen Pflanzenzucht Schloss Ritterhain interessieren und diese unterstützen möchten:
Stephan Schmidt
Schloß Rittershain
D-36219 Cornberg

Schwingschalen, Flowforms sowie eine prozessorientierte naturnahe energetische Wassergestaltung erhalten Sie bei:
Wasseratelier
Gerald Jaksch
Neustift 3, A-3714 Sitzendorf
Tel.: (0)2959/2943

Quarzmehl zur Informierung von Wasser und andere energetische Produkte erhalten Sie bei:

Plocher Energiesysteme
Vertriebs GmbH
Postfach 1464, D-88709 Meersburg
Tel.: (0) 7532/5651
Fax: (0) 7532/9775